新丝路·语言

منهج الاستماع الأساسي للغة العربية

阿拉伯语基础听力教程（第二版）

第二册

梁雅卿　编著

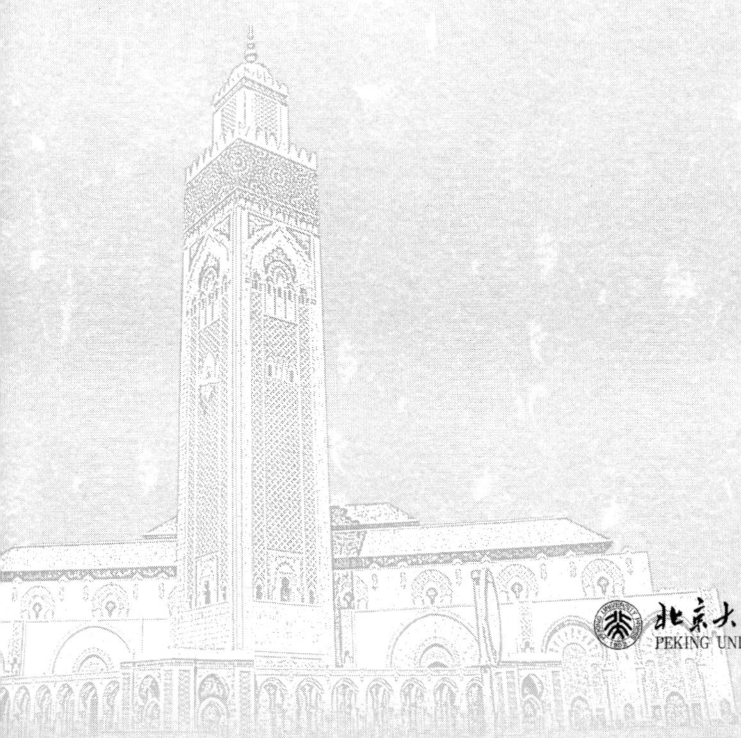

北京大学出版社
PEKING UNIVERSITY PRESS

图书在版编目 (CIP) 数据

阿拉伯语基础听力教程. 第二册 / 梁雅卿编著. —2版. — 北京：北京大学出版社, 2017.5
（新丝路·语言）
ISBN 978-7-301-28278-6

Ⅰ.①阿… Ⅱ.①梁… Ⅲ.①阿拉伯语－听说教学－高等学校－教材 Ⅳ.① H379.9

中国版本图书馆 CIP 数据核字 (2017) 第 084488 号

书　　名	阿拉伯语基础听力教程（第二版）（第二册） ALABOYU JICHU TINGLI JIAOCHENG
著作责任者	梁雅卿 编著
责任编辑	张　冰　严　悦
标准书号	ISBN 978-7-301-28278-6
出版发行	北京大学出版社
地　　址	北京市海淀区成府路 205 号　100871
网　　址	http://www.pup.cn　新浪微博：@北京大学出版社
电子信箱	pkupress_yan@qq.com
电　　话	邮购部 62752015　发行部 62750672　编辑部 62754382
印刷者	北京虎彩文化传播有限公司
经销者	新华书店
	650 毫米 × 980 毫米　16 开本　8.75 印张　160 千字 2009 年 1 月第 1 版 2017 年 5 月第 2 版　2024 年 7 月第 4 次印刷（总第 7 次）
定　　价	32.00 元

未经许可，不得以任何方式复制或抄袭本书之部分或全部内容。
版权所有，侵权必究
举报电话: 010-62752024　电子信箱: fd@pup.pku.edu.cn
图书如有印装质量问题，请与出版部联系，电话: 010-62756370

مقدّمة

前　言

　　在外语教学"听、说、读、写、译"各个环节中,"听"是被放在第一位的,足见其重要性。低年级听力教材的编写长期以来一直是一件比较困难的事情。本套教程是以北京大学外国语学院阿拉伯语系多年来所选用的听力材料为基础,在梁雅卿老师的主持下完成的。在选材过程中,我们力求与学生本科基础阶段的教学内容相结合,注意难易度适中,语言精练,内容丰富。从第二、三册起还增加了关于宗教、历史、文化等方面的内容,让学生在练习听力的同时学到文化历史知识。本套教材共分三册,大学一年级第二学期开始使用,每学期一册。

　　第一册共分 16 课,包括问候、拜访、旅馆与餐厅、参观村庄、埃及和叙利亚、在银行与在开罗旅行、看医生、看电影、寄信与购物、石油、足球、在清真寺、旅行、在海边、探访苏丹古迹、阿拉伯的报纸等。本册课文内容全部采用对话形式。每一课选取两到三个主人公,通过对话的形式将主题展开。每课内容相对独立,前后课文中的主人公没有内在的关系。本册课文内容由浅入深,对话生动。前十课内容可作为一年级第二学期听力课的必听内容。从第十一课开始,对话长度有所增加,对于一年级的学生来说可能难度较大,在训练的过程中可适当放慢速度,也可适当对照课文文本进行练习。

　　第二册共分 15 课,包括阿拉伯格言谚语、朱哈故事二则、人类与动物、团结就是力量、飞毯旅行、科学与自然、古老的开罗城、阿拉伯的节日、古老的清真寺等。本册选材由童话、科技、文化三大部分组成,每一课或是采用对话形式,或是采用讲述形式，情节生动，课后还配有练习。

第三册分为17课，包括阿拉伯家庭、访问、公寓房、住校、白鸽、西奈——大自然的馈赠、轻新闻、科技与生活和测试等。本册从第四课开始选用了埃及广播电台和电影的录音片段。如"白鸽"是纪念埃及"七·二三"革命的广播剧，该广播剧语言生动，学生在练习听力的同时，还可以从中了解埃及的历史；"西奈——大自然的馈赠"取材于一部纪录影片，它全方位介绍了埃及西奈半岛的自然保护区以及埃及为环保所做的努力；轻新闻和科技与生活均选自埃及广播电台的专题节目，语速相对较快，是对高年级新闻听力课的一个很好的铺垫。该册每课均有词汇注释。

本套教程为"北京大学立项教材"。该套教程得到北京大学外国语学院阿拉伯语系谢秩荣教授的大力支持，并提供了广播剧《白鸽》的素材。还得到来自苏丹的穆罕默德·奥贝德老师，以及来自伊拉克的北京大学博士生海德先生的大力支持，并提供了许多宝贵的建议。在此一并表示感谢。

由于编者的水平有限，该套教程还有许多不尽如人意的地方，请各位专家、同行批评指正。也请同学们在使用该教程的过程中提出意见，以便我们在今后的编写过程中加以改进。

编者
2015 年 12 月

فهرست

الدرس الأوّل   الأمثال العربيّة................................١
الدرس الثاني   الحكايتان من حكايات جحا................٧
الدرس الثالث   البشر والحيوان (١)..........................١٦
الدرس الرابع   البشر والحيوان (٢)...........................٢٥
الدرس الخامس   البشر والحيوان (٣).........................٣٢
الدرس السادس   البشر والحيوان (٤).........................٤١
الدرس السابع   الاتّحاد قوّة (١).................................٥٠
الدرس الثامن   الاتّحاد قوّة (٢)................................٥٦
الدرس التاسع   الرحلة على بساط الريح (١)................٦٣
الدرس العاشر   الرحلة على بساط الريح (٢)................٧٤
الدرس الحادي عشر   العلوم والطبيعة (١)...................٨٤
الدرس الثاني عشر   العلوم والطبيعة (٢)....................٩٢
الدرس الثالث عشر   مدينة القاهرة القديمة................١٠٠
الدرس الرابع عشر   الأعياد العربيّة..........................١١٠
الدرس الخامس عشر   المساجد القديمة....................١٢١

目 录

第一课　阿拉伯格言谚语………………………………………1

第二课　朱哈故事二则…………………………………………7

第三课　人类与动物（一）……………………………………16

第四课　人类与动物（二）……………………………………25

第五课　人类与动物（三）……………………………………32

第六课　人类与动物（四）……………………………………41

第七课　团结就是力量（一）…………………………………50

第八课　团结就是力量（二）…………………………………56

第九课　飞毯旅行（一）………………………………………63

第十课　飞毯旅行（二）………………………………………74

第十一课　科学与自然（一）…………………………………84

第十二课　科学与自然（二）…………………………………92

第十三课　古老的开罗城……………………………………100

第十四课　阿拉伯的节日……………………………………110

第十五课　古老的清真寺……………………………………121

الدرس الأوّل الأمثال العربيّة

الأستاذ: أيّها الطلبة والطالبات أهلا وسهلا بكم! أنا سعيد جدّا بلقائكم. أوّلا أقدّم لكم بعض الأحوال عن نفسي وأطلب واحدا منكم أن يترجم كلامي إلى اللغة الصينيّة، من يحاول؟

الطالب: أحاول يا أستاذ.

الأستاذ: ما اسمك أنت؟

الطالب: اسمي جواد.

الأستاذ: آه، جواد، هذا اسم جميل جدّا، أتمنّى لك أسرع من جواد في الدراسة.

الطالب: شكرا!

الأستاذ: فلنبدأ إذن.

الأستاذ: أنا مصريّ، يشرّفني أن أشتغل بالتدريس في جامعتكم. جامعة بكين جامعة قديمة ومشهورة في العالم. كنت أتعلم في كلّيّة الآداب بجامعة القاهرة وهي جامعة مشهورة أيضا، وأخذت فيها بدرجة الماجستير فذهبت إلى بريطانيا لمواصلة دراستي وعشت هناك خمس سنوات وحصلت درجة الدكتوراه، ثمّ

عدت إلى القاهرة وأصبحت مدرّسا في الجامعة الأمّ — جامعة القاهرة.

آه، إنّ الحياة جميلة ولكنّ الوقت مضى سريعا، نحن العرب عندنا أمثال تقول: "إنّ الوقت من ذهب." هذا الكلام صحيح! أيّها الطلبة، شدّ حيلكم عند الشباب لأنّ "الوقت كالسيف، إن لم تقطعه قطعك." "فلا ينفع الندم بعد العدم" إذا طار الزمن.

والآن أعطيكم عددا من الأمثال العربيّة تحفظونها عن ظهر القلب، إنّها تفيدكم طول العمر. إستمعوا بانتباه واذكروها بجدّ.

من جدّ وجد.
من زرع حصد.
من صبر ظفر.
من ذاق عرف.
لا فقر أشدّ من الجهل، ولا مال أعزّ من العقل.
العلم في الصدور لا في السطور.
لكلّ مجتهد نصيبه.
أطلبوا العلم من المهد إلى اللحد.

الأستاذ: في الدرس القادم اختبار حول ما درستم اليوم. أتمنّى لكم

3 الدرس الأوّل ◆ الأمثال العربيّة
第一课 阿拉伯格言谚语

نجاحا! السلام عليكم!

الطالب: وعليكم السلام يا أستاذ!

أجب عن الأسئلة الآتية

من أيّ بلد جاء أستاذكم العربيّ؟

من أيّ جامعة تخرّج الأستاذ؟

في أيّ دولة أخذ الأستاذ درجة الدكتوراه؟

قل لنا ما ذكرت من الأمثال العربيّة؟

المفردات الجديدة

درجة الماجستير	硕士学位
بريطانيا	英国
درجة الدكتوراه	博士学位
مثل جـ أمثال	谚语，格言
حفظ عن ظهر قلب	背，记
صبر يصبر صبرا	成为有耐心的
ظفر يظفر ظفرا به	赢，战胜
ذاق يذوق ذوقا كذا	品尝
فقر	贫穷
أشدّ	更厉害的，更严重的
أعزّ	更宝贵的

صدر ج صدور	胸
سطر ج سطور	一行
نصيب ج نصب	份额
مهد	摇篮
لحد	坟墓

الدرس الأوّل ● الأمثال العربيّة

附：相关译文

第一课　阿拉伯格言谚语

教授：同学们，你们好！见到你们非常高兴。我先来自我介绍一下。我找一个同学把我的话译成中文，谁来？

学生：我想试试。

教授：你叫什么名字？

学生：我叫杰瓦德。

教授：哦，杰瓦德，这个名字好，祝你在学习上比骏马跑得还要快！

学生：谢谢！

教授：那么，咱们开始。

教授：我是个埃及人，很荣幸能来你们学校工作。北京大学是一所世界著名的古老大学。我原来在开罗大学文学院学习，开罗大学也是一所古老的大学，我在那里取得了硕士学位，后来去英国深造，在那里生活了五年，取得了博士学位，然后回到开罗，成为了母校——开罗大学的一名教师。

啊，生活是美好的，但时间过得太快了，我们阿拉伯谚语说："光阴似黄金。"真是太对了。同学们，趁年轻的时候努力吧！因为"光阴似利剑，不用徒白头"。

时光飞逝,"后悔莫及"呀。

我现在给你们几条阿拉伯谚语,请你们把它背下来,它会让你们终生受益的。请大家注意听,认真记。

努力总会有收获。(开卷有益)

种瓜得瓜,种豆得豆。

坚持就是胜利。

品而知优劣。

贫穷莫过无知,财富莫过智慧。

知识记心中,莫留书本上。

勤勉者有建树。

活到老学到老。

教授:下节课测验你们今天学过的内容。祝你们成功!再见!

学生:老师再见!

回答下列问题

你们的外教是哪国人?

他毕业于哪所大学?

他在哪国取得的博士学位?

说说你记住的阿拉伯谚语。

الدرس الثاني حكايتان من حكايات جحا

(١) جحا يذهب إلى الحفلة

جحا لم يكن يهتمّ بملبسه ونظافته.
وحينما علم أنّ هناك حفلة تضمّ أعيان المدينة ذهب إلى هناك.
عندما فتح باب الفندق، منعه الحارس من الدخول.

فقال جحا: أريد الذهاب إلى الحفل.
أخبره الحارس: هذه الحفلة للأثرياء فقط.
قال جحا: وأنا أيضا من الأثرياء.
قال الحارس: هذا ما أعددناه للأثرياء المزيّفين من أمثالك.
فيضربونه. عاد جحا إلى البيت حائرا.
قالت زوجته له: إذا أردت أن تذهب إلى حفلة للأثرياء يا جحا،
فعليك أن تلبس مثلهم وأن تنظّف نفسك.
قال جحا: إجعليني ألبس مثلهم إذن.
فخيّطت زوجته له ملابس فاخرة. فلبسها جحا مسرورا.
قالت زوجته: والآن يمكنك الذهاب إلى الحفلة، واحك لي ما سيحدث حينما تعود.

ذهب جحا إلى الحفلة وهو يرفع رأسه. ما إن يصل إلى باب الفندق حتّى حنى الحارس وسطه وقال: تفضّل أيّها السيد، دعنا نحمل عنك معطفك؟

قال جحا: لا، أشكرك.

قال صاحب الحفلة: تفضّل أيّها السيد، إن شاء الله الطعام يعجبك. آه، تهانيئك لحسن ذوقك في اختيار ملبسك.

أكل جحا كلّ شيء شهيّا ولا يعرف الشبع. وكلّ الضيوف يرونه مدهشين. بعد الأكل، خلع جحا قبّعته وملابسه ووضع كلّ ما بقى في الحفلة فيها، وقال: فلتأكلي هنيئا مريئا يا ملابسي فاليك وجّهت الدعوة وليست إليّ أنا.

(اختيار من مجلّة «العربيّ الصغير»)

أجب عن الأسئلة الآتية

لماذا لا يسمح الحارس بدخول جحا إلى الفندق في أوّل المرّة ؟

ماذا قالت زوجة جحا له عندما عاد إلى البيت حائرا؟

لماذا حنى الحارس وسطه أمام جحا لما وصل إلى باب الفندق في المرّة الثانية؟

ماذا فعل جحا بعد انتهاء الحفلة؟

وماذا قال لملابسه؟

ما معنى هذه القصّة؟

الدرس الثاني • حكايتان من حكايات جحا

المفردات الجديدة

أعيان المدينة	全城的百姓
حارس	门卫
ثريّ ج أثرياء	有钱人
مزيّف ج مزيّفون	假的
حائر	沮丧的
خيّط ملبسا	做衣服
فاخر	华丽的
حنى يحني حنيا وسطه	鞠躬
معطف ج معاطف	大衣
ذوق	鉴赏力
شبع	饱
وجّه الشيء إلى فلان	寄给

(٢) جحا والرجل القويّ

الرجل القويّ: هيه، جحا أيّها الرجل الهزيل، انتبه كي لا تهبّ عليك نسمة فتوقعك أرضا!!

جحا: يا له على رجل غليظ القلب، إنّه يتباهى بقوّته سأتجاهله.

ربّت الرجل القويّ على ظهر جحا بخفّة حتّى أوْقَعه على الأرض.

قام جحا على الأرض وقال للقويّ غاضبا: يا من تظنّ نفسك قويّا، لقد طفح الكيل عندي.. قابلني هنا في الصباح غدا حتّى أختبر قوتك الحقيقيّة.

في الصباح التالي، جاء الرجل القويّ في الموعد قال له جحا: حاول أن ترمي هذا المنديل من فوق الحائط.

قهقه القويّ وقال لجحا: أمر بسيط. أنظر يا هزيل كيف أرمي.

رمى القويّ المنديل بكل قوّته فلم ينجح. أمّا جحا سخر منه سخرا سرّا. وبعد محاولات فاشلة تصبّب العرق من جبين القويّ وقال لجحا: لا أعرف ماذا أصابني اليوم؟!

قال جحا: لقد أصابك الغرور! اعترف بهزيمتك!

قال القويّ: حسنا.. هيّا أرني براعتك أيّها الذكيّ؟!

إلتقط جحا حصية صغيرة على الأرض ووضعها في المنديل ورمى المنديل الرابطة الحصية فوق الحائط بخفّة.

وقال للقويّ ضاحكا: هل تعلّمت درسا جيّدا.. وأدركت أن القوّة الحقيقيّة تكمن هنا في العقل.

(نقل من مجلّة ((العربيّ الصغير))

أجب عن الأسئلة الآتية

لماذا ضحك الرجل القويّ من جحا؟

كيف تجاهله جحا؟

كيف رمى جحا منديلا خفيفا من فوق الحائط؟

الدرس الثاني • حكايتان من حكايات جحا

ماذا قال جحا للرجل القويّ بعد فشله؟

المفردات الجديدة

هزيل	瘦弱的
غليظ القلب	粗心的
تباهى بـ	自豪，吹嘘
تجاهل فلانا	捉弄
ربّت يربّت تربيتا / ربتا على ظهره	轻拍
طفح يطفح طفحا الكيل	装满
كيل جـ أكيال	量器
اختبره	考验
منديل جـ مناديل	手绢
حائط	墙
قهقه	哈哈大笑
تصبّب العرق	流汗
جبين	额头
غرور	骄傲，自负
اعترف بكذا	承认
هزيمة	失败
براعة	熟练，精巧，本事
التقط كذا	捡起
حصية جـ حصايا	小石子

附：相关译文

第二课　朱哈故事二则

(1) 朱哈赴宴

朱哈平时不太注意衣着整洁。

当他得知有一个全城的人都能参加的宴会时，就去赴宴了。

来到饭店的门口，门卫不让他进去。

朱哈说：我要去参加宴会。

门卫告诉他：这个宴会只有富豪们才能参加。

朱哈说：我就是富豪。

门卫说：宴会可不是为你这样的假富豪预备的。

说罢把他打了一顿。朱哈狼狈地回到家。

朱哈妻子对他说：朱哈，你要想参加富人的宴会，就得穿戴得像他们一样，还要把自己梳洗干净。

朱哈说：那你就让我穿戴得像他们一样吧。

朱哈妻子给他缝制了华丽的礼服。朱哈高兴地穿上新衣。

朱哈妻子说：现在你可以出席宴会去啦，回来跟我说说。

朱哈高高地昂着头去出席宴会。他刚一到饭店的门口，

الدرس الثاني ♦ حكايتان من حكايات جحا

门卫就向他弯腰致意,说:先生请,让我们给您拿着大衣吧?

朱哈说:不用啦,谢谢。

宴会的东道主说: 先生请,但愿饭菜能让您喜欢。噢,祝贺您选了这么有品位的衣服。

朱哈吃什么都觉得特有滋味儿,没个饱。所有来宾都惊异地看着他。吃完了,朱哈摘下帽子,脱下衣服,把吃剩下的东西全都倒在里面,说:衣服呀,你饱饱地美餐一顿吧。因为邀请是发给你的,而不是我。

(选自《阿拉伯少年》)

回答下列问题

为什么第一次门卫不让朱哈进去?

朱哈沮丧地回到家,他妻子跟他说什么了?

朱哈第二次到饭店门口时,门卫为什么向他弯腰致敬?

宴会结束后朱哈干什么了?

朱哈对他的衣服说什么了?

这个故事说明了什么?

(2) 朱哈与大力士

大力士:嘿,朱哈你这个瘦猴儿,小心点儿,别让风把你吹倒了!!

朱哈:真是个大老粗,就知道耍把子蛮劲儿,我得捉弄捉弄他。

大力士在朱哈的后背上轻轻地拍了一下，朱哈就被打趴在地。

朱哈从地上爬起来，生气地对大力士说：哎，自认为是大力士的人，我这儿有个好办法，明天早上咱们还在这儿见，我要考验考验你到底有多大力气。

第二天早上，大力士按时来了。朱哈对他说：把这条手绢从墙头扔过去。

大力士哈哈大笑，对朱哈说：小事一桩。瘦猴子，瞧我的。

大力士铆足了劲儿扔那块手绢，可是没有成功。朱哈在那里窃笑。多次努力失败后，大力士满头大汗，他对朱哈说：不知今天中了什么邪啦？！

朱哈说：你是中了自负的邪了！我认定你失败了！

大力士说：好啊，机灵鬼儿，拿你的本事让我瞧瞧？！

朱哈从地上捡起一块小石子放在手绢里包起来，轻而易举地把它扔过了墙头。

他笑着对大力士说：怎么样，学会了吗……我认为，真正的力量在这儿，在头脑里。

（选自《阿拉伯少年》杂志）

الدرس الثاني ● حكايتان من حكايات جحا

回答下列问题

大力士为什么笑话朱哈？

朱哈是怎么捉弄大力士的？

朱哈是怎么把一块轻飘飘的手绢扔过墙头的？

大力士失败后，朱哈对他说什么了？

الدرس الثالث البشر والحيوان (١)

قصّة القرد (١)

هذه قصّة قرد صغير، عاد يعيش مع فصيلته وصبيّ صغير كان قد لعب معه.

في فصل الشتاء تكثف الثلوج بهذه الجبال ويعمّ الهدوء كلّ مكان، وتختبأ كافّة الحيوانات في جحرها ولكن مع حلول الربيع تبدأ الحياة تدبّ في الغابة وفي الجبال.

في هذه الجبال عاشت مجموعة كبيرة من القرود. في مجتمع القرود هذا هناك قواعد وقوانين تحكم المجتمع وقائد المجموعة هو الذي يمثّل القوانين. عندما تقترب قرود أخرى غريبة من المجموعة فإنّه لا يسمح لها بالدخول إلى المجموعة.

هناك على سطح الجبل كانت توجد قرية صغيرة.

روسي: قدّار، أنت صديقي الوحيد، أنت الوحيد الذي يفهمني. أنا لا أحبّ المدرسة، أريد أن أبقى معك طوال اليوم، أريد أن أبقى هنا.

الأمّ: روسيّ، حان وقت الذهاب إلى المدرسة، سوف تتأخّر.

روسي: حسن. انتظرني، سوف ألعب معك فيما بعد.

الأب: ترى لماذا لايحبّ المدرسة؟ لقد كان يحبّ المدرسة كثيرا.
الأمّ: لقد مضى عليه عام كامل، منذ انتقل إلى المدرسة الجديدة، إنّه يلعب مع القرد طوال الوقت.
الأب: إنّه يتّفق مع القرد، هاه...
الأمّ: هذا ليس أمرا مضحكا.

التلميذ أ: آه أعطني الكرة، هيّا.
التلميذ ب: هه أنت، ألا تريد الانضمام إلينا؟
التلميذ أ: سوف ينضمّ، ماذا تستطيع أن تفعل؟ أنت جبّان.
التلميذ ب: إنّه لا يستطيع قذف الكرة.

عاد القرد قدّار إلى الطبيعة حيث كان، وأصبح حرّا من جديد. وراح يصرخ بأعلى ما يستطيع، إنّها صرخات الفرحة. لكنّه لم يستطع أن يتخلّص من السلسلة التي كانت تعيقه عن الحركة.

روسي: قدّار! أبي... أمّي...
الأمّ: لماذا تصرخ؟
الأب: ماذا حدث؟ ما الأمر؟
روسي: قدّار...
الأمّ: ماذا؟ هل هرب؟
الأب: حسن، سوف نبحث عنه. إذهب الآن وأخبر سامي فورا.

روسي: حاضر.

روسي: السيّد سامي...

سامي: ما الأمر؟ تبدو مضطّربا.

روسي: هرب قدّار. لم أعثر عليه عندما أعود. لم أره عندما أعود.

سامي: قدّار هرب؟

روسي: نعم، لقد بحثت عنه في كلّ مكان.

سامي: قدّار، لا بدّ أنّه عاد إلى الجبال، لقد أحضرته من الجبال وهو صغير، أعرفه جيّدا إنّه لا يستطيع البقاء وحيدا.

روسي: ولكن متى سيعود ثانية يا ترى؟

سامي: روسي، لا أعتقد أنّه سيعود، إنّ القرود تحبّ أن تعيش في مجموعات من فصيلتها. لا بد أنّه شعر بالحنين إلى القرود الأخرى وذهب هناك، إنّه يعرف الطريق بغريزته.

روسي: لقد أحببته كثيرا.

سامي: لقد كان صديقا جيّدا لك. حسن، روسي، سوف أعيده إليك، لا تقلق.

روسي: حقّا؟

سامي: نعم، عندما أذهب سآخذك معي.

روسي: حقّا؟ شكرا لك! شكرا لك!

أجب عن الأسئلة الآتية

قل لنا أسماء الحيوانات التي تعرفها.

كيف تقضي الحيوانات الشتاء البارد؟

كيف تعيش القرود في داخل الجبال؟

ماذا قال روسي لقرده الصغير؟

لماذا هرب القرد الصغير من بيت روسي؟

لماذا صرخ القرد الصغير بعد العودة إلى الجبال؟

ماذا قال روسي للصيّاد سامي؟

هل تحبّ الحيوان الصغير؟ ما هو؟

المفردات الجديدة

قرد جـ قرود	猴子
فصيلة جـ فصائل	种类
صبيّ جـ صبيان	男孩
كثف يكثف كثافة الشيء	厚，浓密
عمّ يعمّ عموما الهدوء	一片寂静
إختبأ (الحيوان في مكان)	隐藏
دبّ يدبّ دبًّا في	蔓延
قاعدة جـ قواعد / قانون جـ قوانين	法律
حكم يحكم حكما كذا	掌握
مثّل يمثّل تمثيلا كذا	代表
سفح جـ سفوح	山坡
طوال اليوم	整天

ترى / يا ترى	哎
اتّفق مع	一致，合得来
جبّان	胆小鬼
راح يفعل كذا	开始做
تخلّص من	摆脱
عقبة جـ عقبات / عنق جـ أعناق	脖子
أعاقه	妨碍

الدرس الثالث ● البشر والحيوان (١)

附：相关译文

第三课 人类与动物（一）

猴子的故事（1）

这是一个小猴子的故事，一个小男孩原来和它一起玩耍，后来，小猴子回到了它的同类猴群中去了。

冬季，山上白雪皑皑，到处都是静悄悄的，动物们全都躲到了洞穴里。然而春天一到，山林里又开始涌现出一派生机。

在这片山里，生活着一大群猴子。猴群中也有统治的法则，猴群的首领就是法则的代表。当有陌生的猴子接近猴群，猴王是不会允许它进入猴群的。

那座山坡上有一个小村庄。

陆西：古大尔，你是我唯一的朋友，只有你最理解我。我不喜欢学校，我想整天和你在一起，留在这里。

妈妈：陆西，该去学校啦，要迟到了。

陆西：好的。你等着我，回来跟你玩。

爸爸：哎，他为什么不喜欢学校了呢？这孩子原来挺爱上学的。

妈妈：自从转到新学校都已经整整过去一年了，他老是跟那只猴子玩。

爸爸：他与猴子合得来，哈……

妈妈：这可不是闹着玩的。

学生A：哎，把球拿过来，快点儿。

学生B：嘿，不想和我们一起玩吗？

学生A：他会参加的，你会玩什么？胆小鬼。

学生B：他连球都不会打。

就这样猴子古大尔回到了它生长的地方——大自然，重新获得了自由。它开始竭尽全力地大叫着，那是欢乐的呼喊。但它还没能摆脱脖子上那条锁链对它行动的困扰。

陆西：古大尔！爸爸……妈妈……

妈妈：叫什么呀？

爸爸：怎么啦？出什么事啦？

陆西：古大尔……

妈妈：什么？它逃跑了？

爸爸：好吧，咱们去找找它。你现在快去告诉萨米。

陆西：好吧。

الدرس الثالث ◆ البشر والحيوان (١)

陆西：萨米先生……

萨米：怎么啦？这么急。

陆西：古大尔逃跑了。我回来就没见到它。没看见它。

萨米：古大尔跑了？

陆西：是啊，我到处都找过啦。

萨米：古大尔，它一定是回山里去了，它小的时候我把它从山里带回来，我非常了解它，它不可能单独待着。

陆西：那它什么时候才能回来呢？

萨米：陆西，我认为它不会回来的，猴子喜欢与同类一起群居。它一定是思念其他猴子才走了的，它天生就能认路。

陆西：我太喜欢它了。

萨米：它是你的好朋友。好吧，陆西，别担心，我会把它找回来的。

陆西：真的吗？

萨米：真的，我去的时候也带上你。

陆西：真的吗？太谢谢你啦！谢谢！

回答下列问题

说说你知道的动物名称。

动物是怎么过冬的？

猴子是怎么在山里生活的？

陆西对他的小猴子说什么啦？

小猴子为什么从陆西家逃跑了？

小猴子回到山里后为什么要大叫？

陆西对猎手萨米说什么了？

你喜欢小动物吗？什么动物？

الدرس الرابع البشر والحيوان (٢)

قصّة القرد (٢)

روسي: قدّار، قدّار!

سامي: لا تقلق، سوف نذهب ونعود به.

روسي: ولكن هل أنت واثق بأنّك سوف تحصل عليه؟

سامي: لقد أخبرني بعض الناس أنّهم شاهدوا قردا وحول عنقه سلسلة.

الأب: روسي، إنّ السيّد سامي ماهر جدّا في عمله، سوف يعيد قدّار إليك.

سامي: إنّ القرود لا تقبل قردا من فصيلة أخرى. لا بد أنّ قدّار وحيد الآن. كلاب، إنتبهوا، تذكّروا رائحة قدّار جيّدا. أنا واثق بأنّهم سيعثرون عليه. هيّا إذهبوا واعثروا عليه.

سامي: روسي، لقد عثروا على قدّار.

روسي: حقّا؟ نعم، إنّه هو.

سامي: آه، لدينا مشكلة.

روسي: ماذا؟

سامي: إنّ قدّار يحاول الدخول في المجموعة ومن الصعب جدّا أن نمسك به وحده.

روسي: إذن ماذا سنفعل؟

سامي: من الصعب علي الإمساك بقدّار، سأمسك قردا صغيرا آخر بدلا منه.

روسي: ولكن ألا تستطيع الإمساك بقدّار. ماذا ستفعل يا سيّد سامي؟

سامي: سوف أستعمل هذه لإمساك بقرد صغير. ضع بعض الجوز حول هذا العمود ستحضر القرود هناك للطعام وعندما تحضر سأطلق الكلاب، سوف يخاف القرد الصغير ويتسلق العمود ولخوفه من الكلاب فلن ينزل حتّى نمسك به.

روسي: إنّ إمساك القرود أمر ممتع للغاية.

سامي: هذه طريقة، أنا اخترعتها. والآن هيّا بنا.

روسي: قدّار هناك.

سامي: إهدأ!

روسي: قدّار!

سامي: لا نستطيع الإمساك بقدّار.

روسي: نعم.

سامي: روسي إمسك بقدّار بسرعة.

روسي: حسن.

سامي: بسرعة إمسك السلسلة، إمسكه!

روسي: قدّار، هل تريد العودة إلى الجبال؟ حسن.

سامي: روسي........

الدرس الرابع • البشر والحيوان (٢)

روسي: قدّار، أنا سعيد بأنّ لك أصدقاء من فصيلتك، لا يمكنك العيش وحدك. أنت صديق جيّدٌ لي، إذا ذهبت إلى الجبال فسأذكرك باستمرار! ينادونك، إذهب إذهب إلى أصدقائك.

سامي: إنّ قدّار يبدو سعيدا.

روسي: قدّار، قدّار، وداعا!

وهكذا عاد القرد قدّار إلى فصيلته من القرود وعاش سعيدا معهم. أمّا روسي فقد عاد إلى مدرسته وراح يكوّن صداقات جديدة مع زملائه من المدرسة.

تلميذ: هيّا خذ، خذ يا روسي، خذ هناك، جئنا بها خذ.

أجب عن الأسئلة الآتية

ماذا قال الصيّاد سامي لكلابه؟

لماذا دخل روسي مع الصيّاد سامي إلى الجبال؟

ما هي الطريقة التي اخترعها الصيّاد سامي؟

قدّار قرد محبوب وهو صديق طيّب لروسي، فلماذا لم يأخذه إلى بيته، بل أطلق عليه إلى فصيلته في الجبال؟

بعد أن عاد القرد الصغير إلى الجبال ماذا عمل التلميذ روسي؟

المفردات الجديدة

مضطرب	不安的
حنين إلى	思念
غريزة	本能
عثر يعثر عثرا عليه	发现
أمسك به	抓住
جوز جـ أجواز	核桃
كوّن كذا	构成

附：相关译文

第四课　人类与动物（二）

猴子的故事（2）

陆西：古大尔，古大尔！

萨米：别担心，咱们去把它弄回来。

陆西：可是你真能把它抓住吗？

萨米：有人告诉我，他们见到一只脖子上带锁链的猴子。

爸爸：陆西，萨米先生可是个行家里手，他会把古大尔给你弄回来的。

萨米：猴子是不接受别的猴群的猴子的。古大尔现在肯定还单独待着呢。猎狗们，注意啦，好好记住古大尔的气味。我相信它们会找到它的。快，去找吧。

萨米：陆西，它们找到古大尔了。

陆西：真的吗？是的，就是它。

萨米：哎，咱们还有个问题。

陆西：什么问题？

萨米：古大尔想进到猴群里去，我们要把它抓住很困难。

陆西：那我们怎么办呢？

萨米：抓古大尔困难，那咱们就抓一个小猴子来代替古大尔。

陆西：可你就不能抓古大尔啦。萨米先生，你这是干什么呀？

萨米：我要利用这个抓一只小猴子。你把核桃放在这根杆子周围，猴子们就会来找吃的，它们一来，我就放狗，小猴子一害怕，就会爬到杆子上去，小猴子怕狗不敢下来，咱们就可以把它抓住了。

陆西：抓猴子真是太好玩啦。

萨米：这是我发明的绝招。现在咱们走吧。

陆西：古大尔在那儿。

萨米：小声点儿！

陆西：古大尔！

萨米：咱们不能抓古大尔。

陆西：是。

萨米：陆西，快抓住古大尔。

陆西：好的。

萨米：快抓住链子，抓住它！

陆西：古大尔，你想回山里吗？好吧。

萨米：陆西……

陆西：古大尔，我很高兴你有这么多同类朋友，你不能孤独地生活。你是我的好朋友，你回到山里，我还会记着你的！它们在叫你呢，到你的朋友那里去吧。

萨米：古大尔好像特别高兴。

陆西：古大尔，古大尔，再见啦！

就这样，小猴子古大尔回到了它的同类中间，和它们幸福地生活在一起。陆西也回到学校，开始和同学们建立起新的友谊。

学生：嘿，接球。陆西，接着，那边，接着，发过来，接着。

回答下列问题

猎人萨米对他的狗说什么啦？

陆西和猎人萨米为什么进山里去？

猎人萨米发明了什么方法？

古大尔是一只可爱的猴子，是陆西的好朋友，陆西为什么不把它抓回家，而把它放回山里去了？

小猴子回山里后，小学生陆西做什么了？

الدرس الخامس البشر والحيوان (٣)

قصّة الغزال (١)

في جنوب أحد الجزر توجد سلسلة من الجبال التي يبلغ ارتفاعها أكثر من ألف متر ويوجد عدد من الوديان لم تطأها قدم الإنسان بعد ولكن في غابات أرز كثيفة عاش عدد من الحيوانات البريّة. كانت لكلّ فصيلة من هذه الحيوانات منطقة خاصّة تعيش فيها وتأكل منها. كانت الحيوانات تقتتل بشراسة فيما بينها حين تواجه بعضها بحثا عن الطعام.

وفي منطقة من المناطق عاش غزال كبير كقائد للغزلان. كان الصيّادون يسمّونه أبا الغزيل.

حسن: أبي، هل تظنّ أنّ أبا الغزيل ظهر حقّا؟
الأب: حسن، لقد رآه العديد من الصيّادين فلا بدّ أن يكون قد ظهر.
حسن: سوف تحاول صيده، سوف تكون أفضل صيّاد في الجزيرة.
الأب: أفضل صيّاد في الجزيرة، نعم، لقد حلمت بذلك منذ كنت طفلا مثل سنّك.
حسن: سأكون فخورا عندما توقع به.
الأب: ولكنّ يا بنيّ، أبو الغزيل غزال كبير وجميع الصيّادين في الجزيرة

يحاولون صيده. إنّه قويّ وذكيّ.

حسن: سوف نمسك به يا أبي، إذهبا وطارداه، عندما تمسكان الغزال الكبير ستكونان أفضل كلبي الصيد في الجزيرة.

الأب: أبو الغزيل كان قد هرب في اللحظة الأخيرة عدّة مرّات. إنّه يعرف طريقنا ويعرف كيف يتخلّص منّا.

حسن: ولكنّهما سيراقبان به.

الأب: حسن، لنذهب الآن.

حسن: هيّا يا أبي.

الصيّاد: أ هذا أنت! هل ستأتي أيضا؟

الأب: أ تظنّ نفسك قادرا على تغلّب على الغزال وحدك؟

الصيّاد: ماذا تعني بقولك هذا؟ أنا الذي أطلقت النار على أذنه. هذه المرّة لن يفلت.

حسن: هذه المرّة ستصيب الأذن الأخرى.

الصيّاد: ماذا؟

الأب: هل سمعت، لقد سخر الطفل منك.

الصيّاد: ألا ترى كلابي؟ إنّها أفضل الكلاب في الجزيرة. أنظروا إلى الكلاب!

حسن: كلاب غبيّة.

الصيّاد: هه، سوف ترى، ستكون هذه لعبتي، ما رأيك أن تتبعني لترى كيف أصيده. هيّا!

الأب: تبّا له!

حسن: أبي لا تجعله يحزنك إمسك الغزال يا أبي.

الأب: سأفعل يا بنيّ.

كانت الغزلان تنتقل عبر الجزيرة بحثا عن الطعام وهناك يوجد مكان خاصّ لها حيث تتدحرج على الأرض لتتخلّص من الحشرات على جسمها وهذه البقعة موقّتة وطيّبة.

حسن: أبي، حمام الغزلان، لقد كانوا هنا.

الأب: إنّه كبير، لا بد أن يكون أبا الغزيل.

حسن: إنّه هو.

الأب: أطلق الكلاب!

حسن: طبعا! هه، أنتما هيّا تابعا الأثر.

الأب: نسلك هذا الطريق. أنظر شجرة الأرز، هذا هو. تعال يا بنيّ، هيّا!

حسن: أبي هل أنت متأكّد؟

الأب: أنا متأكّد، لا يوجد طريق آخر.

الأب: إسمع، هناك صوت.

الأب: تبّا له!

الصيّاد: إهدأوا! شكرا لكلاب أخرى لقد طردوها إلى هنا.

حسن: أبي، أنظر!

الأب: ماذا؟

حسن: لقد هرب الغزال الكبير.

الأب: إنّها الريح. لقد حملت الرائحة إلى الغزلان.

الأب: إنّه غزال ذكيّ.

الصيّاد: أحمق، هذا ليس وقتا مديحا. ستطارده الكلاب مرّة أخرى.

الأب: هذا حسن، إنّه قادم من هذه الطريق، لن أخطئ. آه، إنّها الريح. هيّا!

حسن: لا تطلق يا أبي، ستصيب الكلاب.

الأب: تبّا له.

حسن: كلاّ، كلاّ، آه، كلاّ، خسارة. أبي، أقتله، أقتل الغزال الكبير، أقتله. يجب أن ننتقم منه.

الأب: نعم، نعم، سوف ننتقم منه. نعم.

أجب عن الأسئلة الآتية

أين يعيش الغزلان؟

لماذا تتقاتل الحيوانات بشراسة فيما بينها؟

لماذا يريد الصيّادون أن يصطادوا الغزال الكبير الذي يسمّونه أبا الغزيل؟

لماذا تتدحرج الغزلان على الأرض؟

لماذا قال ذلك الطفل الصغير: ويح لهذا الغزال الكبير سوف ننتقم منه؟

المفردات الجديدة

羚羊	غزال ج غزلان
踏上	وطأ يطأ وطأ مكانا
互相残杀	اقتتل بشراسة
岛屿	جزيرة ج جزر وجزائر
把……撂倒	أوقع به
盯着，看守	خفر يخفر خفرا به
开枪，开火	أطلق النار عليه
使溜走	أفلته
打赌	لعبة (القمار)
使难过	أحزنه
滚动	تدحرج على
摆脱	تخلّص منه
走路	سلك يسلك سلوكا وسلكا الطريق
驱赶	طرده يطرد طردا / طارده
愚蠢的	أحمق
好时机	وقت مديح
犯错误	أخطأ
找……报仇	انتقم منه

附：相关译文

第五课　人类与动物（三）

羚羊的故事（1）

在一个岛屿的南部，有一座一千多米高的山脉，有些山谷人迹罕至。然而在深深的松林里却生活着一些野生动物。每一种动物都有一块专门的地盘生活、觅食。一些动物在觅食的时候会互相残杀。

在一个地方生活着一只大羚羊，它是羚羊们的首领，猎人们称它为羚羊之父。

哈桑：爸，你认为羚羊之父真的出现了吗？
爸爸：哈桑，好多猎手都看见过它，它肯定是出现了。
哈桑：想办法抓住它，你就是岛上最好的猎手了。
爸爸：岛上最好的猎手，是啊，我还是像你这么大年纪的孩子的时候就梦想当一名好猎手。
哈桑：你要是打到它，我会为你骄傲的。
爸爸：可是，孩子，羚羊之父是一只大羚羊，岛上所有的猎手都想抓到它。它又强壮，又聪明。
哈桑：爸，咱们会抓住它的。你俩快去追，要是能抓住大羚羊，你俩就是岛上最好的猎狗了。

爸爸：羚羊之父多次都是在最后时刻跑掉的。它知道我们要走的路线，也知道如何摆脱我们。

哈桑：但是这两只猎狗会盯着它。

爸爸：哈桑，咱们现在就去吧。

哈桑：走吧。

猎手：啊，是你呀！你也去呀？

爸爸：你以为你一个人就能战胜大羚羊啦？

猎手：你这话什么意思？是我开枪打中了它的耳朵。这次决不能让它跑掉。

哈桑：这次你会打中它另一只耳朵。

猎手：什么？

爸爸：听见了吧，连孩子都在笑话你。

猎手：看见我的狗了吗？它们是岛上最好的猎狗。瞧我的狗！

哈桑：傻狗。

猎手：嘿，你等着瞧，咱们打个赌，你跟在我后面，看我怎么抓住它。快！

爸爸：真讨厌！

哈桑：爸，别听他搅和，一定得把大羚羊抓住。

爸爸：孩子，我会的。

الدرس الخامس • البشر والحيوان (٣)

羚羊们在岛上迁徙，寻找食物，那边有一处专门的地方属于它们。它们在地上打滚儿，以摆脱身上的昆虫。这块地方是它们一个临时的好去处。

哈桑：爸，羚羊湖，它们都在这儿。

爸爸：那个大的肯定是羚羊之父。

哈桑：就是它。

爸爸：放狗！

哈桑：当然啦！嗨，你们俩快追。

爸爸：咱们走这条路。你看这棵杉树，就是这棵。宝贝儿，快！

哈桑：爸爸，你能肯定吗？

爸爸：我敢肯定，没有别的路。

爸爸：听，有声音。

爸爸：真讨厌！

猎手：安静！谢谢别的狗把它们赶到这边来了。

哈桑：爸爸，快看！

爸爸：什么？

哈桑：大羚羊逃走了。

爸爸：是风。它把气味带到了羚羊那里。

爸爸：它真聪明。

猎手：傻瓜，时机还不到。那些狗会把它再赶过来的。

猎手：太好啦，它朝这条路来了，我是不会搞错的。啊，是风。快！

哈桑：爸，别开枪，会打着狗的。

爸爸：该死的东西！

哈桑：不，不，啊，不，亏啦。爸，爸，杀了它，杀了大羚羊，杀了它。我们要向它报仇。

爸爸：对，对，我们要向它报仇。

回答下列问题

羚羊生活在什么地方？

动物为什么要互相残杀？

猎人们为什么要捕杀那只叫羚羊之父的大羚羊？

羚羊为什么在地上打滚儿？

那个小孩为什么说：该死的大羚羊，我们要向它报仇？

الدرس السادس البشر والحيوان (٤)

قصّة الغزال (٢)

حسن: الجوّ بارد.

لأب: لقد مسح المطر آثار الغزال والرائحة أيضا.

الأب: هه، كن شجاعا! يجب أن نجد الغزال الكبير وننتقم منه، هل تسمع؟ هذا ما أريده، هيّا!

حسن: ويل للغزال ترى.

الأب: ويح لهذا الغزال.

الصيّاد: أغبياء، لقد فقدتما الآثار. هيّا، إذهبا وابحثا عن الآثار يجب أن تجداها، هيّا! لن أدعه يفلت، سوف أوقع به هذه المرّة.

حسن: هه، لقد وجده. أ تسمع يا أبي!

الأب: نعم.

الأب: ويحك سأمسك بك أيّها الويح!

حسن: أنت أيضا؟! لا، ويح لهذا الغزال!

حسن: الجوّ بارد جدّا.

الأب: كريم، تمسّك يا بنيّ، سنصل سريعا إلى الكهف. خذ، إمسك

بيدي.

حسن: أبي، إنّني أتجمّد.

الأب: إذا وصلنا إلى الكهف سوف نكون بخير. هيّا يا بنيّ، إمشي.

حسن: أنا نعسان.

الأب: إيّاك، لا تنم! إنهض، إنهض!

حسن: ولكنّي نعسان، أريد أن أنام، دعني.

الأب: لا يا بنيّ، لا تنم، لا.

الأب: تبّا له، هيّا يا بنيّ، هيّا! لا تقف مرّة أخرى. تشجّع! يجب أن لا تنم يا بنيّ. هه، إنهض، هيّا إنهض! تمسّك يا بنيّ. هه، أنظر، الكهف. شكرا لله. هيّا يا بنيّ لندخل!

حسن: أنا بردان.

الأب: إنّنا مبتلاّن. إذا بقينا في هذه الملابس المبتلّة فسوف نمرض. هيّا إخلع قميصك المبلول، هيّا، هيّا.

حسن: أبي هل سنظلّ هنا يا أبي؟

الأب: هذا هراء! لا تقل ذلك.

الصيّاد: هه، لا أمل لنا.

حسن: لا أريد أن أبقى هنا.

الأب: لا تفقد الأمل، تشجّع!

حسن: ولكن... هه؟؟ أبي، الغزلان!

الأب: ماذا؟ جميع الحيوانات معا؟ شيء نادر.

حسن: لديّ فكرة، أبي لندخل بين الغزلان، سنشعر بالدفء هناك.

الأب: نعم، فكرة جيّدة.

الصيّاد: ولكن هل سيقبلوننا؟

حسن: لقد قرأت في كتاب، إنّ الحيوانات تعادى بعضها عادة مع بعض، ولكن في الحالات الخطيرة كالحريق والعواصف، فإنّها تتّحد وتساعد بعضها بعضا.

الصيّاد: أصيده!

حسن: إنّي أكرهه، ولكنّه أنقذ حياتنا. لقد دفّأنا الغزال، وبسببه بقينا الأحياء وأنت تقتله الآن، ذلك الغزال لقد عاملنا كأنّنا من نفس فصيلته. أنظر إلى الحيوانات جميعا، إنّها سعيدة. إنّهم نجونا من العاصفة. وأنت إذا كنت تستطيع أن تطلق النار عليها فأنت لست إنسانا. اترك هكذا، يجب أن لا تطلق النار.

الأب: إنّ كبرياء الصيّاد لا تعني شيئا. بالمقارنة مع الغزلان فإنّنا طمّاعون.

الصيّاد: نعم، أنت مصيب.

الصيّاد: لا يوجد صيّاد يستطيع أن يفعل ذلك، أعرفه الآن. شكرا لكم.

وهكذا أنقذ الغزال ذو الأذن الواحدة الأشخاص الثلاثة وهم ظلّوا ينظرون إليه شاكرين له هذا العمل حتّى اختفى عن الأنظار وسيظلّون يتذكّرونه إلى الأبد.

أجب عن الأسئلة الآتية

لماذا يذهب الطفل مع أبيه إلى الكهف؟

لماذا طلب أبو الطفل من ولده أن يخلع قميصه وكان الجوّ باردا؟

عندما وجد الطفل أنّ جميع الحيوانات في الكهف قال: لندخل بين الغزلان سنشعر بالدفء. هل ستقبلهم الحيوانات؟

لماذا منع الطفل الصغير الصيّاد أن يطلق النار على الغزال الكبير؟

لماذا قال الصيّاد إنّ كبرياء الصيّاد لا تعني شيئا؟

المفردات الجديدة

ويل له	该死的东西
ويح	倒霉的，可恶的
تمسّك / تشجّع	坚持
أمسك به	抓住
تجمّد	冻僵
إيّاك	小心
مبتلّ / مبلول	湿的
كهف ج كهوف	山洞
خلع يخلع خلعا القميص	脱衣服
هراء / كلام فارغ	废话，不吉利的话
عادى بعضها بعضا	互相为敌
خطر	危险

حريق	着火
اتّحد	团结
أنقذه	拯救
دفّأه / أدفأه	使温暖
كبرياء	骄傲
المقارنة مع	与……比较
مصيب	说中了

附：相关译文

第六课　人类与动物（四）

羚羊的故事（2）

哈桑：太冷了。

爸爸：大雨抹去了羚羊的痕迹和气味。

爸爸：嗨，勇敢点儿！我们要找到大羚羊，向它报仇，听见了没有？这是我要做的，快点！

哈桑：哎，可恶的大羚羊。

爸爸：该死的大羚羊。

猎手：笨蛋，你们俩把猎物追丢了。快去找，必须找到，快！我决不能让它跑掉，这回我非把它撂倒不可。

哈桑：嘿，找到它了。爸，你听见了吗？

爸爸：是的。

爸爸：该死的东西，我一定要抓住你！

哈桑：你也？不，这个该死的大羚羊！

哈桑：天太冷了。

爸爸：宝贝儿，要坚持，快到山洞了。来，拉住我的手。

哈桑：爸，我都快冻僵了。

الدرس السادس ♦ البشر والحيوان (٤)

第六课 人类与动物（四）

爸爸：到山洞就好了。宝贝儿，快走。

哈桑：我困了。

爸爸：小心点儿，别睡！起来！

哈桑：可是我太困了，我想睡觉，让我睡吧。

爸爸：不行，孩子，别睡，别睡。

爸爸：真烦人，快走，宝贝儿！别再停下来，坚持一下，嗨，起来，起来！坚持坚持。嗨，看，山洞。感谢真主。孩子，咱们快进去吧！

哈桑：我冷。

爸爸：我们都淋湿了，穿着湿衣服会生病的，快把湿衣服脱下来，快。

哈桑：爸，咱们就一直在这儿待下去呀？

爸爸：废话！别说不吉利话。

猎手：唉，咱们没希望了。

哈桑：我可不想待在这儿。

爸爸：别失望，勇敢点儿！

哈桑：可是……嗯？爸，羚羊！

爸爸：怎么回事？所有动物都在这儿？可真是少见。

哈桑：我有个主意，爸，咱们到羚羊中间去，那里会暖和点儿。

爸爸：对，好主意。

猎手：可是它们能接受我们吗？

哈桑：我在一本书里读到过，动物平常会互相为敌，但在危险的情况下，如火灾、飓风，它们会团结起来，互相帮助。

猎手：我要抓住它！

哈桑：我也讨厌它，但是它救了我们的命。羚羊给我们温暖，我们才活了下来，你现在要杀那只把我们当成它的同类一样对待的羚羊。你看看那些动物，它们多幸福。是它们从暴风雨中拯救了我们。你要是向它们开枪，你就不是人。放了它们吧，别开枪。

爸爸：猎手的荣耀算不了什么。和羚羊相比，我们更贪婪。

猎手：是啊，你说得对。

猎手：没有一个猎手会这样做的，现在我明白了。谢谢你们。

就这样，那个有一只耳朵的羚羊救了这三个人。他们怀着感激之情一直看着它，直到它消失在远方。他们将永远记住它。

回答下列问题

小孩为什么和他父亲去山洞里？

大冷的天，小孩的爸爸为什么让孩子脱掉衣服？

当小孩发现所有动物都在山洞里时，他说：咱们到羚羊中间取暖吧。动物会接受他们吗？

小孩为什么不让猎手向大羚羊开枪？

为什么猎手说猎人的荣耀算不了什么？

الدرس السابع الاتّحاد قوّة (١)

أسد وثيران ثلاثة (١)

الأستاذ: اليوم أحكي لكم قصّة عربيّة ممتعة، ثمّ أسألكم بعض الأسئلة. اسمعوا جيّدا.

كان يا ما كان يا أحبابي الكرام، في قديم الزمان، كان يعيش ثلاثة ثيران في غابة من الأشجار، أحد الثيران كان أبيض اللون، والثاني أسود اللون، وأمّا الثالث فكان ترابيّ اللون. كان في الغابة أعشاب طويلة، يأكلون منها وعين جارية عذبة يشربون منها، وهكذا يعيشون مدّة من الزمن سعداء متفاهمين متّحدين ومتعاونين مع بعضهم البعض. وفي يوم من الأيام، مرّ بذلك المكان أسد، فقال:

إنّها حقّا غابة جميلة وسوف أسكن فيها.
فأعجبته الغابة. وعندما دخلها رأى الثيران الثلاثة فقال لهم: السلام عليكم!
فقالوا له: وعليكم السلام ورحمة الله وبركاته!
فقال لهم الأسد: هل تقبلوني عندكم ضيفا بضعة أيّام؟
فقال الثور الأبيض للثور الأسود والثور الترابيّ: هل تقبلون الأسد

ضيفا وأنتم تعلمون أنّه عدوّ لنا؟

فقال الثور الأسود والثور الترابيّ: ماذا يستطيع لأسد أن يصنع عنّا ونحن ثلاثة أقوياء؟!

فقالوا للأسد: تفضّل أهلا وسهلا بك ضيفا علينا.

هكذا عاش الأسد معهم في الغابة. هم يأكلون الأعشاب وهو يأكل من الغزلان والمواشي التي تعيش في ذلك المكان. والأسد لا يستطيع الاعتداء على الثيران لأنّهم متّحدون ومتفاهمون ومتحابّون لا يفترقون عن بعضهم من بعض.

ومرّت الأيّام، أخذت الغزلان والمواشي تهرب من ذلك المكان بعد أن رأت الأسد يفتك بها ويأكلها. شعر الأسد بالجوع أكثر وأكثر، فقال لنفسه:

إنّي جوعان ولم يعد في الغابة غزلان ومواش، فماذا أفعل؟ آه، جوعان إنّي جوعان.

هاه... هاه... هاه... وجدتها، وجدتها، لم يبق أمامي سوى الثيران الثلاثة، ولكن كيف السبيل إلى ذلك؟ وهي ثلاثة وأنا واحد.

لذلك فكّر الأسد في تفريقها عن بعضها البعض. فأخذ يتودّد إلى الثورين الأسود والترابيّ حتّى اطمأنّا له وأحبّاه.

أجب عن الأسئلة الآتية

بما كان الثيران الثلاثة يعيشون في الغابة؟

ماذا يريد الأسد عندما وجد الغابة جميلة؟

ماذا قال الثور الأبيض لصديقيه عندما طلب الأسد منهم أن يكون ضيفا لهم؟

وماذا قال الثوران الأسود والترابيّ للثور الأبيض؟

المفردات الجديدة

اتّحاد	团结
ثور ج ثيران	牛
ترابيّ	土黄色的
عشب ج أعشاب	青草
عين جارية عذبة	一眼流淌的甘泉
متفاهم	互相谅解的
متّحد	互相团结的
متعاون	互相合作的
عدوّ ج أعداء	敌人
غزال ج غزلان	羚羊
ماشية ج مواش	牲畜，小动物
اعتدى عليه	进攻，攻击
متحابّ / متحبّ	互相友爱的

هرب يهرب هروبا	逃跑
فتك يفتك فتكا بفلان	攻击，袭击
سوى	除……外
فرّقه	分裂
تودّد إلى فلان	与亲近
اطمأنّ له	对他放心
أحبّه	对他友好

附：相关译文

第七课　团结就是力量（一）

狮子和三头牛的故事（1）

老师：今天，我给你们讲一个有趣的阿拉伯故事，然后问你们几个问题。请大家注意听。

亲爱的孩子们，古时候呀，在很早很早以前，有三头牛生活在一片树林里。一头牛是白色的，另一头牛是黑色的，第三头牛是土黄色的。在那片树林里长着很高的青草可以吃，还有一眼甘洌的泉水可以喝。它们就这样互相谅解，团结合作，幸福地生活在一起。有一天，一只狮子从此地经过，它说：

真是一片美丽的树林，我就住在这里吧。

它非常喜欢这片林子。它走进林子，看见三头牛，就对它们说：你们好！

它们也对它说：你好！

狮子又对它们说：能让我在这儿客居几天吗？

白牛对黑牛和黄牛说：你们接受狮子做客吗？你们都知道它可是我们的敌人。

الدرس السابع ● الاتّحاد القوّة (1)

黑牛和黄牛说：咱们三个身强力壮的，一只狮子又能把我们怎么样呢？！

他们对狮子说：请吧，欢迎你成为我们的客人。

狮子就这样和它们一起生活在这片树林里了。牛吃草，狮子呢，就靠生活在这里的羚羊和小动物为生。狮子不能侵害牛，是因为他们团结一致，互谅互爱，不受离间。

过了些日子，羚羊和小动物发现狮子猎食它们后，都从那片林子里逃走了。狮子感到越来越饿，心想：

我太饿了，树林里没有羚羊和小动物了，我可怎么办呢？唉，饿呀，太饿啦。

哈哈……有啦，有啦，不是还有三头牛吗，可是怎么才能吃掉它们呢？我一个怎么对付它们三个呢？

因此，狮子就想离间它们。它先讨好黑牛和黄牛，使它们对它放心，喜欢它。

回答下列问题

三头牛靠什么生活在树林里？

狮子发现树林很美，它想干什么？

狮子要求三头牛留它做客，白牛对它的两个朋友说什么了？

黑牛和黄牛对白牛说什么了？

الدرس الثامن الاتّحاد قوّة (٢)

أسد وثيران ثلاثة (٢)

فكّر الأسد في تفريقها عن بعضها البعض. فأخذ يتودّد إلى الثورين الأسود والترابيّ حتّى اطمأنّا له وأحبّاه. وفي يوم من الأيّام قال لهما: إنّ هذا الثور الأبيض سيفضحنا في يوم من الأيّام، لأنّ لونه الأبيض يظهره بوضوح لكلّ من يمرّ من هذا المكان. أمّا نحن أنا وأنتما وألواننا من لون التراب وظلّ الشجر، لذلك إذا مرّ أحد من البشر في هذا المكان فإنّه سيرى الثور الأبيض وعند ذلك سيدخل الغابة ويقتلنا أو يطردنا منها.

فقال الثوران الأسود والترابيّ: صدقت فيما قلت. فما العمل؟

فقال لهما الأسد: هاه، دعونا نتخلّص منه ومن خطره علينا!

فقال الثوران الأسود والترابيّ: وكيف يمكن ذلك؟

فقال الأسد: هاه، أنا آكله وأخلّصكم منه.

فوافق الثوران على ذلك. وعند ذلك، ذهب الأسد إلى حيث يأكل ويشرب الثور الأبيض فهجم عليه الأسد وافترسه وأكله ووقف الثوران الأسود والترابيّ من بعيد، ينظران إلى الأسد وهو يفترس صديقهم الثور الأبيض دون أن يهبا إلى مساعدته. وبعد أيّام، جاع الأسد مرّة أخرى فأتى إلى الثور الترابيّ اللون وقال له سرّا:

أنت لونك مثل لوني ومن يرانا معا يظننّا أسدين ويخافنا ويبتعد عنّا. أمّا هذا الثور الأسود فلونه غير لوننا وقد يفضحنا بلونه لذلك أرى أنت دعني آكله فنتخلّص منه ومن خطره علينا. نعيش أنا وأنت كرفيقين متحابّين، لا يستطيع الاقتراب منّا أحد.

وافق الثور الترابيّ على ذلك فذهب الأسد إلى حيث يأكل ويشرب الثور الأسود وهجم عليه وأكله والثور الترابيّ ينظر إلى صديقه الثور الأسود.

وبعد أيّام، جاع الأسد مرّة أخرى. فقال للثور الترابيّ: أنا جائع، ولم يبق غيرك، لذلك سوف آكلك.

فقال له الثور الترابيّ اللون: وكيف ذلك؟ ألم تقل إنّنا سنعيش كأخوين متحابّين؟

فقال الأسد: هاه دعك من هذا! فليس بين القويّ والضعيف أخوّة ولا حبّ. عندما يجوع القويّ لا بدّ له من أكل الضعيف.

رأى الثور نفسه وحيدا لا يستطيع مقاومة الأسد فندم على سماحه للأسد بافتراس الثورين الأبيض والأسود ولكن لا ينفع الندم الآن. وأيقن بالهلاك فقال للأسد: قبل أن تأكلني اسمح لي أن أعترف بأنانيّتي.

فسمح له الأسد. ووقف الثور الترابيّ اللون وصاح يبكي قائلا بصوت عال: إنّما أكلت يوم أكل الثور الأبيض، إنّما أكلت يوم أكل الثور الأبيض، إنّما أكلت يوم أكل الثور الأبيض...

فهجم الأسد على الثور، وهو يبكي حتّى افترسه، وأكله.

هكذا يا أحبابي الكرام، عندما تفرّق الثيران الثلاثة استطاع الأسد أن يأكلها الواحد بعد الآخر. ولو بقي الثيران متّحدين لا يستطيع أن يأكل أيّا منهم. فيجب علينا، يا أحباب، يا كرام، أن نكون دائما متحابّين ومتّحدين حتّى لا يستطيع العدوّ أن يفرّقنا كما أكل الأسد الثيران الثلاثة. فاعلموا جيّدا أنّ الاتّحاد قوّة وأنّ التفرّق والاختلاف ضعف وإيّاكم، إيّاكم أن تنسوا ذلك أبدا.

أجب عن الأسئلة الآتية

كيف يفرّق الأسد الثيران الثلاثة؟

عندما بقى الثور الترابيّ اللون وحده، فأراد الأسد أكله وقال الثور الترابيّ للأسد: ألم تقل إنّنا سنعيش كأخوين متحابّين؟ فماذا قال الأسد له؟

ماذا قال الثور الترابيّ باكيا قبل أن يأكله الأسد؟

هل تعرف هناك حكاية صينيّة حول "الاتّحاد قوّة"؟ فقل لنا شيئا.

المفردات الجديدة

فضح يفضح فضحا كذا	使暴露
ظلّ جـ أظلال	影子，阴影
قتل يقتل قتلا فلانا	杀死
طرد يطرد طردا فلانا	驱赶
صدق يصدق صدقا	说得对

دعنا نفعل كذا	让我们……
تخلّص منه	摆脱
خطر جـ أخطار	危险
خلّصه من كذا	使摆脱
وافق على كذا	同意
افترسه	捕捉
سرّ جـ أسرار	秘密
هجم يهجم هجوما عليه	袭击
دعك من هذا!	别做梦了吧你，得了吧你
أخوّة	兄弟情谊，友谊
اعترف بكذا	承认
أنانيّة	自私，个人主义
صاح يبكي	哭喊
إيّاكم أن تفعلوا كذا	谨防做，千万不要

附：相关译文

第八课　团结就是力量（二）

狮子和三头牛的故事（2）

狮子想离间它们。它先讨好黑牛和黄牛，使它们对它放心，喜欢它。有一天，它对它俩说：这只白牛总有一天会把我们暴露了，因为白色对每一个打此地经过的人实在是太显眼了。至于我和你们俩，我们的颜色都是土地和树影子的颜色，因此，如果有人从这里经过，就会看到白牛，就会进到树林里把我们杀掉或者把我们从树林里赶走。

黑牛和黄牛说：你说得对。那怎么办呢？

狮子对它俩说：咱们得摆脱它，以免给我们带来危险！

黑牛和黄牛说：怎么才能这样呢？

狮子说：咳，我吃了它，你们不是就摆脱它啦。

两头牛同意了。这时候，狮子去到白牛吃草喝水的地方，扑上去抓住它，把它吃掉了。黑牛和黄牛站得远远的，眼看着狮子把它们的朋友白牛抓住也不去帮它。过了几天，狮子又饿了，它来到黄牛那里，神神秘秘地对它说：

你的颜色和我的颜色一样，谁看见咱俩在一起，都以为是两只狮子，都会吓得躲得远远的。可是黑牛跟咱们的颜色不一样，也许它的颜色会暴露了我们，依我看，你还是让我把它吃掉吧，摆脱它以免招来危险。你和我像好朋友一样地生活在这里，谁也不能接近我们。

黄牛同意了。狮子去到黑牛吃草喝水的地方，扑上去抓住它，把它吃掉了。黄牛眼看着它的朋友黑牛被狮子吃掉了。

过了几天，狮子又饿了。它对黄牛说：我饿了，现在只剩下你了，因此，我得把你吃掉。

黄牛对它说：怎么可以这样？你不是说咱俩要像好兄弟一样生活吗？

狮子说：得了吧你！强者和弱者从来就没有什么兄弟情谊和友爱。当强者饿了的时候，它就必须吃掉弱者。

黄牛看到自己孤零零的一个人，抵不过狮子，后悔当初让狮子吃了白牛和黑牛，可是，后悔也没有用了。它确信自己必死无疑，就对狮子说：你吃我之前，请先让我承认自己的自私。

狮子允许了它的要求。黄牛站在那里，大声地哭着说：

白牛被吃的那一天，我就已经被吃掉了，白牛被吃的那一天，我就已经被吃掉了，……

狮子扑过来抓住它，它还这样哭着就把它吃掉了。

亲爱的朋友们，当三头牛被离间的时候，狮子才能一个

منهج الاستماع الأساسيّ للّغة العربيّة (الجزء الثاني)

一个地吃掉它们。假如牛团结一致，狮子就不能吃掉它们任何一个。仁爱的朋友们，我们应该永远互相友爱、团结，这样敌人就不能像狮子吃掉那三头牛那样分裂我们。要知道，团结就是力量。搞分裂、闹矛盾就会变弱。你们可千万、千万不要忘记呀。

回答下列问题

狮子是怎么离间三头牛的？

只剩一头黄牛的时候，狮子想吃掉它。黄牛对狮子说：难道你没有说过咱们要像好兄弟一样地生活吗？狮子是怎么说的？

狮子在吃黄牛之前，黄牛哭着说什么了？

你知道中国也有一个"团结就是力量"的故事吗？请给我们讲讲。

الدرس التاسع الرحلة على بساط الريح (١)

مستمعينا الأعزّاء حان الوقت الآن لكي نتمتّع برحلة جميلة على بساط الريح. هدوء رجاءا هدوء لنستمع إلى الحديث الذي يدور على بساط الريح ونتمتّع بمغامرات علميّة جديدة.

البنت: أبي العزيز أنا مشتاقة جدّا جدّا ...

الأب: جدّا جدّا إلى الطيران ...

البنت: على بساط ...

الأب: الريح. أعلم أعلم يا ابنتي العزيزة، أعلم أنّك متشوّقة جدّا للسفر على بساط الريح. ولكن إلى أين ستكون رحلتنا هذه المرّة؟

البنت: أتمنّى... أتمنّى أن نطير إلى الصين.

الأب: إلى الصين؟ إلى الصين مرّة واحدة يا إلهي!

البنت: نعم، إلى الصين أرجوك يا والدي أريد أن أتعرّف على حضارة أرض الأحلام التي يسمّونها الصين.

الأب: فهمت الآن يا ابنتي العزيزة تريدين أن نقوم برحلة اكتشافيّة إلى الصين التي ظلّت خلال آلاف السنين سرّا غامضا عن العالم.

البنت: ولكنّ هذه الحضارة العظيمة تذكّرنا بحضارة وادي الرافدين

وحضارة وادي النيل والحضارات القديمة الأخرى في العالم يا والدي.

الأب: هذا صحيح. ولبعد الصين عن الجزيرة العربيّة وأهمّيّتها الحضاريّة وتفوّق علومها كان الوصول إليها حلما بعيدا وبكلّ ثقة نادى نبيّنا محمّد صلّى الله عليه وسلّم في الحديث الشريف قبل أكثر من ألف وأربعمائة سنة حين قال "أطلب العلم ولو في الصين".

البنت: صلّى الله عليه وسلّم.

الأب: صلّى الله عليه وسلّم.

الأب: إنّ الحديث النبويّ الشريف القائل يا ابنتي: "أطلب العلم ولو في الصين"، دفع المسلمين لطلب العلم في أقصى الأماكن في العالم، وعمّ نشر الرسالة الإسلاميّة فعلا في الصين والهند وإفريقيا وأوروبا وفي جميع أنحاء العالم.

البنت: أبي، أبي، إمسكني جيّدا.

الأب: إنّها إنّها الأمطار. إقتربي إقتربي منّي يا ابنتي، إقتربي...

البنت: أمسكني بقوّة يا والدي.

الأب: لا تخافي يا ابنتي لا تخافي، سنطير عاليا لنتخلّص من هذه الزوبعة الممطرة سنطير فوق السحاب.

البنت: أبي أمسكني جيّدا، الظلام محيط من كلّ جانب.

الأب: لا تخافي يا ابنتي لا تخافي، بعد لحظات سنتخلّص من هذه الزوبعة الممطرة.

البنت: الحمد لله، لقد تخلّصنا من هذه الزوبعة الممطرة المزعجة. إنّنا الآن نطير فوق الغيوم الممطرة.

الأب: الحمد لله، الحمد لله! الشمس تشرق علينا، إنّي أشعر بالدفء.

البنت: والآن هيّا بنا، هيّا بنا إلى الصين بلد الأحلام.

الأب: سبحان الله الخالق العظيم، ما هذه المناظر الجميلة؟ أنظري، أنظري يا ابنتي أنظري، أنظري إلى هذا النهر، كأنّه شريط حرير أزرق يتموّج وعلى شاطئيه آلاف قمم تنعكس صورها على المياه الرقراقة. أنظري يا ابنتي أنظري، أنظري إلى البيوت وقرى الصيّادين والحقول والغابات وزوارق الخيزران.

البنت: أبي، أبي، أنظر إلى الأسفل على جهة اليمين، ما هذا البناء العجيب الغريب إنّه طويل، طويل جدّا، يمتدّ إلى ما لا نهاية؟

الأب: إنّه يا ابنتي سور الصين العظيم والذي يعتبره البعض بأنّه العجيبة الثامنة من عجائب الدنيا.

البنت: المثل الصينيّ القديم يقول: من الذي لا يصعد سور الصين العظيم ليس من الرجال الأقوياء.

(اختيار من برامج تليفيزيون بغداد)

أجب عن الأسئلة الآتية

قل لنا شيئا من أهمّ الحضارات القديمة التي تعرفها؟

ما هو الحديث الشريف الذي تحدّث فيه نبيّ العرب محمّد عن الصين؟

هل قرأت بساط الريح من ((ألف ليلة وليلة))؟

ماذا رأى هذان العراقيّان على بساط الريح لما وصلا إلى فضاء الصين؟

ما هو مثل صينيّ عن سور الصين العظيم؟

المفردات الجديدة

بساط الريح	飞毯
استكشافيّ	探索的
ربوع	家园
مغامرة جـ مغامرات	奥秘
مشتاق / متشوّق	渴望的，思念的
يا إلهي!	我的主啊
حلم جـ أحلام	梦
غامض	深奥的
وادي الرافدين	两河流域
وادي النيل	尼罗河流域
نبيّ جـ أنبياء	先知
صلّى الله عليه وسلّم	愿真主赐福给他，并使他平安。（宗教用语，每提到穆罕默德的名字就这样为他祝福，这是伊斯兰教的礼节）
رسالة	使命，任务
السند	信德
أمسك كذا	抓住

الدرس التاسع ♦ الرحلة على بساط الريح (١)

摆脱	تخلّص من
飓风	زوبعة جـ زوابع
多雨的	ممطر
讨厌的，令人烦恼的	مزعج
乌云	غيم جـ غيوم
太阳照亮	أشرقت الشمس مكانا أو على
温暖	دفء
赞美伟大的造物主	سبحان الله الخالق العظيم
波涛起伏	تموّج البحر
倒映，反射	انعكس على
闪闪发光	رقراق
小船	زورق جـ زوارق
竹子	الخيزران
右侧	جهة اليمين
奇异的	عجيب / غريب
奇迹	عجيبة جـ عجائب
宇宙，世界	الدنيا

استمعوا وترجموا ما يلي من النصّ القصير

الحوت الأزرق

ما هو أضخم طفل في العالم؟

إذا ما أردنا مقارنة وزن الطفل المولود مع وزن أمّها وإنّ الأمهات من البشر يبلغ وزنهن من ٢٠ إلى ٢٥ مرّة بقدر وزن طفلهن المولود حديثا والذي يكون وزنه ثلاثة كيلوغرامات و٢٥٠ غرام. أمّا طفل الحوت الزرقاء فإنّ وزن طفلها يبلغ ثلث وزنها، أي أنّ وزنها الذي يبلغ ١٠٠ طون فإنّ وزن طفلها يساوي أكثر من ٣٠ طونا أي يساوي وزن لولي كبير.

أضخم حيوانات العالم هو الحوت الأزرق يبلغ طوله حولي ٣٠ مترا وقد يزيد وزنه على ١٠٠ طون ويمتاز بقوّة خارقة والأمّ عندما ترضع طفلها ترقد فوق ظهرها في الماء وتحمل مولودها المدلّل الذي لا يمكن حمله إلاّ برافعاتها لكي يسبح.

(اختيار من برامج تليفيزيون بغداد)

أجب عن الأسئلة الآتية

كم طونا لوزن الحوت الأزرق؟

كم طونا لوزن طفل الحوت الأزرق؟

هل تعرف كم طول الحوت الأزرق؟

كم طول طفل الحوت الزرقاء؟

هل تعرف كم طونا من الأغذية يأكلها يوميّا كلّ حوت أزرق؟

ما هي فوائد الحوت؟

المفردات الجديدة

الحوت	鲸
مقارنة	比较
وزن	重量
مولود	婴儿
بقدر	相当于
كيلوغرام	千克
غرام	克
طون	吨
لولي كبير	载重卡车
خارقة	超自然的，不可思议的
أرضعت الأمّ طفلها	喂奶
رقد يرقد رقدا	躺，卧
مدلّل	娇生惯养的
رافعات	鳍

附：相关译文

第九课 飞毯旅行（一）

亲爱的听众们，又到了"飞毯旅行"节目时间了。安静，请安静，让我们听听飞毯上的谈话，让我们来一次新的科学探险。

女儿：我的好爸爸，我特别，特别想……

爸爸：特别，特别想，乘坐……

女儿：飞毯……

爸爸：飞。我知道，我知道，我的宝贝女儿，我知道你特别想乘飞毯旅行。可这次咱们去什么地方呢？

女儿：我希望……我希望飞到中国去。

爸爸：去中国？一下子飞到中国去，我的天哪！

女儿：对，去中国，老爸，求求你啦。我想了解那个被称作中国的梦幻般国度的文明。

爸爸：我的好女儿，现在我明白了，你想去那个几千年对世界都是一个不解之谜的中国进行探险旅行。

女儿：是啊，爸爸，这个伟大的文明使我们想起了两河流域文明、尼罗河文明和世界上其他古老的文明。

爸爸：说得对。由于中国离阿拉伯半岛十分遥远，加之她的文明的重要性，科技又非常先进，去中国便成了一个

الدرس التاسع ● الرحلة على بساط الريح (١)

自古以来的梦想。我完全相信，我们的先知穆罕默德，愿真主赐他平安，在一千四百多年前在一段圣训中号召我们说的话："求知哪怕远在中国。"

女儿：愿真主赐他平安。

爸爸：愿真主赐他平安。

爸爸：我的好女儿，圣训中说"求知哪怕远在中国"，这一教导促使穆斯林到世界各地最远的地方去求学，并把传播伊斯兰教作为一项使命，让伊斯兰教在中国、印度、非洲、欧洲和世界各地普及开来。

女儿：爸爸，爸爸，快拉住我。

爸爸：噢，下雨了。乖宝贝儿，靠近点儿，靠近点儿……

女儿：爸爸，使劲拉住我。

爸爸：宝贝儿，别怕，咱们飞高点儿，躲过这片暴风雨，飞到云层上面去。

女儿：爸爸，抓紧我，到处都黑沉沉的。

爸爸：好宝贝，别怕，一会儿，我们就能躲过这片暴风雨。

女儿：赞美真主，我们终于躲过了该死的暴风雨。咱们现在飞到雨云上面来了。

爸爸：赞美真主，太阳照着我们，我感到暖和多了。

女儿：现在咱们走吧，去那个梦幻国度中国。

爸爸：感谢伟大的造物主，这是多么美妙的景致啊！看，好女儿，快看，你看那条河，波浪起伏，好像蓝色的丝带一样，两岸千万座山峰倒映在波光粼粼的河面上。看，快看，你看那边的家屋、渔村、田野、森林，还有竹排。

女儿：爸爸，你往下看，右边，那个奇怪的建筑是什么，那个特别特别长，看不见尽头的那个？

爸爸：孩子，那就是中国的长城啊，有人把它称作世界的第八大奇迹。

女儿：中国有句古话说："不到长城非好汉"。

（巴格达电视台节目选录）

回答下列问题

说说你知道的最重要的古代文明？

阿拉伯先知穆罕默德说过关于中国的一句名言是什么？

你读过《一千零一夜》中飞毯的故事吗？

两个伊拉克人到达中国上空时在飞毯上看见了什么？

中国关于长城的名言是什么？

الدرس التاسع ♦ الرحلة على بساط الريح (١)

听译下面的短文

蓝 鲸

世界上什么动物的幼体最重？

如果我们把幼体的重量与母体的重量相比较，人类母体的重量是现代婴儿的重量的 20 到 25 倍，婴儿的体重为 3 250 克。而蓝鲸的幼体则是母鲸体重的三分之一，也就是说体重 100 吨的蓝鲸，它的幼体的重量为 30 多吨，相当于一辆载重卡车的重量。

世界上最大的动物当属蓝鲸。蓝鲸体长约 30 米，重量超过 100 吨，它的力量超乎想象，当母鲸给幼鲸哺乳的时候，它躺在水面上，为了游水，只用鳍抱着它的孩子。

（选自巴格达电视台节目）

回答下列问题

蓝鲸体重有多少吨？

蓝鲸的幼体重多少吨？

你知道蓝鲸体长多少米吗？

你知道小蓝鲸体长多少米吗？

你知道一只大蓝鲸每天吃多少东西吗？

鲸有什么用途？

الدرس العاشر الرحلة على بساط الريح (٢)

لنواصل رحلتنا على بساط الريح. وندعوكم اليوم للاستمتاع برحلة جميلة إلى أرض الأحلام ـ الصين والتي قال عنها نبيّنا محمّد صلّى الله عليه وسلّم "أطلب العلم ولو في الصين"، صدق رسول الله.

دعوة لكلّ أطفالنا الأعزاء لمشاركتنا في رحلة علميّة استكشافيّة جديدة حيث سنطير على ربوع وطننا العراق الحديث ووطننا العربيّ الكبير وعلى أماكن مختلفة أخرى من العالم.

الأب: سبحان الله الخالق العظيم، ما هذه المناظر الطبيعيّة الجميلة! أنظري، أنظري يا ابنتي أنظري إلى سور الصين العظيم والذي يعتبره البعض بأنّه العجيبة الثامنة من عجائب الدنيا.

البنت: أبي إنّه بناء عجيب وأكيد أنّ بناءه استغرق السنين الطويلة لماذا بنوا السور العظيم؟

الأب: إنّ هذا السور العظيم بنوه للدفاع عن الصين من الأقوام الغازية لبلادهم.

البنت: أرجوك يا والدي إنزل بساط الريح على سور الصين العظيم.

الأب: المثل الصينيّ يقول "من الذي لا يصعد سور الصين العظيم ليس

من الرجال الأقوياء"، وعلينا أن ننزل بساط الريح على السور العظيم.

البنت: الله الله يا أبي نحن الآن نمشي على سور الصين العظيم، نحن من الأقوياء.

الأب: نعم، نحن من الأقوياء، نحن الآن على سور الصين العظيم.

البنت: أبي، ما هذا البناء العالي؟ وما هذه المدرّجات العظيمة؟ في أيّ مكان من الصين نحن الآن؟

الأب: نحن الآن يا ابنتي على بداية السور، وهذا البناء العالي ومدرّجات السور إنّها قلعة "جيا يو قوان" الحربيّة القديمة، إنّها تقع في مقاطعة يسمونها "قان سوو" في الغرب من الصين.

البنت: قلعة "جيا يو قوان"، مقاطعة "قان سوو"، إنّها أسماء غريبة يا أبي.

الأب: نعم يا ابنتي، نعم. إنّها أسماء غريبة علينا، ولكنّها بالنسبة إلى الشعب الصينيّ غير غريبة، إنّها لغتهم. وإنّ الأسماء بالعربيّة غريبة عليهم، لأنّها لغة غير لغتهم.

البنت: كيف يتكلّم الصينيون؟

الأب: اسمعي يا ابنتي...

البنت: ماذا تقول يا أبي؟

الأب: قلت: أنا جائع هيّا ونجد مكانا لنتناول الطعام فيه.

......

الأب: ماذا قلت يا ابنتي العزيزة ؟

البنت: قلت: أنا جائعة أيضا، عندي بقيّة تحبّ أن تأكلها ؟

البنت: أبي دعنا نتمشّى إلى نهاية السور العظيم، نحن أقوياء!

الأب: تقصيدين أن نتمشّى من الغرب إلى شرق الصين على قمم الجبال والوديان والسهول في طريق واحدة ومتعرّجة حتّى نصل إلى قلعة "شآن هاي قوان" التي تقع في نهاية السور العظيم ؟ يا ابنتي، إنّ أقوى الأقوياء في العالم لا يمكن أن يمشي من بداية السور إلى نهايته، حقّا أنا، أنا لا أقدر على ذلك.

سنواصل في رحلتنا القادمة على بساط الريح، للتعرّف على مزيد من المعلومات عن حضارة الصين والتي تذكرنا الحضارات العالميّة الأخرى ـ حضارة وادي الرافدين وحضارة وادي النيل والحضارات العالميّة الأخرى.

(اختيار من برامج تليفيزيون بغداد)

أجب عن الأسئلة الآتية

هل زرت سور الصين العظيم؟ قل لنا شيئا عن تاريخ سور الصين العظيم أو حكايته.

هل زرت قلعة "شآن هاي قوان" وقلعة "جيا يو قوان" ؟ قل لنا شيئا عن دورهما عند الحروب القديمة.

هل تعرف شيئا من أهمّ آثار في العراق؟
قل لنا شيئا من أهمّ آثار في مصر.
هل تعرف ما أهمّ آثار في البلدان العربيّة؟

المفردات الجديدة

صدق يصدق صدقا قوله	他说得对
أكيد	肯定的
غازٍ	侵略者；侵略的
قلعة	城堡
جيا يو قوان	嘉峪关
قآن سوو	甘肃
مثل جـ أمثال	谚语，格言
مسافة	距离
مدار	中轴线
قدر يقدر قدرا على	能够，有能力

استمعوا وترجموا ما يلي من النصّ القصير

غرائب العالم

ينقلنا بساط الريح برحلة في زمن معاكس إلى أعماق التاريخ.
ونصل إلى البابل قبل أكثر من ثلاثة آلاف وخمسمائة سنة لنتعرف
على أغرب كتابة مسماريّة على قطعة من الطين على شكل مستطيل

طولها ثلاثة سنتيمترات وعرضها اثنان ونصف سنتيمتر.

وقد نقش عليها كاتب بابليّ قديم صلاة مكوّنة من ١٤٤ كلمة بثلاثين سطرا.

لا يمكن من قراءتها بالعين المجرّدة وما كادت العدسات المكبّرة لم تقترأ بعض.

فإنّ الكتّاب كانوا يقومون بهذا العمل المعجز بواسطة النظر من خلال قصّابة مجوّفة. أليس هذا الإعجاز التاريخيّ يسجّل للبابليين القدماء.

(اختيار من برامج تيليفيزيون بغداد)

أجب عن الأسئلة الآتية

أين كانت تقع دولة البابل القديمة؟
هل تعرف دولا قديمة أخرى؟
ما هي الكتابة المسماريّة؟
هل تعرف أيّ كتابة قديمة أخرى؟
ما هي الكتابة الصينيّة القديمة؟

المفردات الجديدة

غريبة ج غرائب	奇闻
معاكس	逆的，相反的
البابل	巴比伦
أغرب	最奇异的，最罕见的

الكتابة المسماريّة / خطّ مسماريّ	楔形文字
الطين	泥
شكل مستطيل	长方形
سنتيمتر جـ سنتيمترات	厘米
صلاة	祈祷
العين المجرّدة	肉眼
العدسات المكبّرة	放大镜
كاتب جـ كتّاب وكاتبون	作者
معجز / عجيب	神奇的，不可思议的
قصّابة	管，筒
مجوّف	中空的

附：相关译文

第十课　飞毯旅行（二）

　　我们继续飞毯旅行。今天我们邀请大家进行一次去梦幻土地——中国的美好旅行，我们的先知穆罕默德曾经说过"求知哪怕远在中国"，使者说得对。

　　邀请亲爱的好朋友们参加一次新的科学探险旅行，届时，我们将在我们现代化的家园伊拉克祖国、阿拉伯各国和世界各地飞行。

爸爸：赞美伟大的造物主，这是多么美丽的自然风光啊！女儿，你快看，快看，那就是被人称为世界第八大奇迹的中国长城。

女儿：真是一个奇妙的建筑，肯定是建了很多年才建成的。他们为什么要建长城呢？

爸爸：他们建筑长城是为了保卫中国不被列强侵略。

女儿：父亲，求求你啦，就把飞毯降落在长城上吧。

爸爸：中国有句名言说"不到长城非好汉"，我们是应该把飞毯降落在长城上。

女儿：啊，爸爸，现在我们就走在长城之上了，我们也是好汉啦。

爸爸：是的，我们也是好汉了，我们现在就在长城之上。

女儿：爸爸，这个高高的建筑是什么？这些大台阶是干什么用的？我们现在在中国的什么地方？

爸爸：好女儿，我们现在就在长城的西端，这个高高的建筑和台阶就是古老的"嘉峪关"，它在中国西部叫做"甘肃"省的地方。

女儿："嘉峪关"，"甘肃"省，爸爸，这些名字好奇怪。

爸爸：是啊，孩子，这些名字对于我们确实是很奇怪，但是它对于中国人民就不奇怪了，因为这是他们的语言。阿拉伯语的名字对于他们也是很奇怪的，因为阿拉伯语不是他们的语言。

女儿：中国人怎么讲话？

爸爸：你听着啊……

女儿：爸爸，你说的是什么呀？

爸爸：我说：我饿啦，走吧，找个地方吃饭去。

……

爸爸：乖女儿，你说什么呢？

女儿：我说：我也饿啦，我这儿还有点儿，你想吃吗？

女儿：爸爸，咱们一直走到长城的那头去吧，咱们是好汉呀！

爸爸：你是说咱们从中国的西部一直走到中国的东部，就沿着这山峰、沟谷、平原，一条道弯弯曲曲地走到长城那头的"山海关"去呀？是啊，宝贝儿，就是世界上再强的好汉也不能从长城这头走到长城那头去。老实说，我可没这本事。

下一次飞毯旅行我们将介绍更多有关中国文明，以及我们提到过的其他的世界文明——两河流域文明、尼罗河文明等等世界其他文明知识。

（选自巴格达电视台节目）

回答下列问题

你参观过长城吗？请给我们讲一讲长城的历史或关于长城的故事。

你参观过"山海关"和"嘉峪关"吗？请讲一讲这两道关在古代战争中的作用。

你知道伊拉克有哪些古迹吗？

请讲一讲埃及的重要古迹。

你还知道哪些阿拉伯国家的重要古迹？

الدرس العاشر • الرحلة على بساط الريح (٢)

听译下面的短文

世界奇闻

飞毯带着我们进行一次旅行，它将让时光倒流，重现久远的历史。

我们将来到3500多年前的巴比伦王国，了解篆刻在一小块长三厘米，宽二点五厘米的长方形泥板上的最奇妙的楔形文字铭文。

一位古巴比伦书法家在这块泥板上篆刻了一段祷文，它由144个字组成，分为30行。

这些字用肉眼是看不清楚的，即使用放大镜也还是有一些看不太清。

书法家们当时是用中空的芦管，通过管窥的方法来进行这项奇妙的工作的。这难道不算古巴比伦人创造的历史奇迹吗？

（选自巴格达电视台节目）

回答下列问题

古巴比伦在什么地方？

你还知道哪些文明古国？

什么是楔形文字？

你知道其他古文字吗？

中国的古文字是什么？

الدرس الحادي عشر العلوم والطبيعة (١)

(١) استنساخ

قام علماء يابانيون في شهر أغسطس عام ١٩٩٨ باستنساخ عجل من خليّة نزعت من أذن ثور بالغ، وأطلق على العجل اسم رمزيّ "واي ــ ٣٥"، وتمّت الولادة بعمليّة قيصريّة في مؤسّسة كاغوشيما للماشية في جنوب اليابان.

وتعتبر هذه المرّة الأولى التي يستنسخ فيها عجل من خليّة مستأصلة من داخل الأذن وليس من الرحم أو من جنين. ولم يكن الأمر سهلا بالنسبة للعجل الصغير، فقد عانى مشاكل صحّيّة من البداية إلاّ أنّه أصبح بوضع جيّد الآن.

عبير أحمد ــ مصر

(نقل من «العربيّ الصغير»)

أجب عن الأسئلة الآتية

هل تعرف ما اسم الضؤن المستنسخ الأولى؟ وأين ولدت؟

هل تقام العمليّات الاستنساخيّة في الصين؟

هل هناك فوائد للبشر من العمليّات الاستنساخيّة؟

المفردات الجديدة

استنساخ	克隆
عجل	小牛
نزع ينزع نزعا كذا	剥取
عمليّة قيصريّة	剖腹产
كاغوشيما: اسم مؤسّسة	（日本一公司名称）
خليّة مستأصلة	干细胞
الرحم	子宫
جنين	胎盘
وضع ج أوضاع	情况

(٢) الخريطة الوراثيّة للإنسان

هل تعلم أنّ الجينات (المورّثات) هي التي تتحكّم في نموّ أجسامنا، وفي العمليّات الكيميائيّة داخلنا، وكذلك في كلّ الصفات التي نكتسبها من آبائنا وأمّهاتنا؟

توجد هذه الجينات مرتّبة بشكل طوليّ ــ مثل حبّات العقد ــ على خيوط دقيقة تسمّى "كروموزومات" تلتفّ داخل أنويّة خلايانا الحيّة، التي تكوّن أجسامنا.

وتوصّل علماء البيولوجيا أخيرا إلى عمل "مسوّدة" كاملة للخريطة الوراثيّة للإنسان، بكلّ ما فيها من جينات والتي يبلغ عددها نحو مائة

ألف جين. وتتكوّن الخريطة الوراثيّة من جديلة أي سلسلتين ملفوفتين كلّ منهما حول الأخرى على هيئة سلّم حلزونيّ، ولهذا يطلق عليها "الحلزون المزدوج".

وتتكوّن كلّ درجة سلّم من زوج من الموادّ الكيميائيّة يطلق عليها "قواعد" تنتظم في تتابع معيّن، ويطلق على هذه الحلزون المزدوج "ال (د.ن. أ) الوراثيّ". ويتكوّن ال (د.ن.أ) البشريّ من نحو ٣ آلاف مليون زوج من القواعد، وهو مقسّم إلى ثلاثة وعشرين جزءا، كلّ جزء هو كروموزوم.

والخطوة التالية لعلماء البيولوجيا هو التعرّف الدقيق على وظيفة كلّ جين، حتّى يتفهّموا العلاقة بين جينات الإنسان وإصابته بالأمراض المختلفة.

(نقل من 《العربيّ الصغير》)

أجب عن الأسئلة الآتية

ما هي فوائد ال (د.ن.أ) الوراثيّ؟

هل اشترك العلماء الصينيّون في رسم الخريطة الوراثيّة للإنسان؟

لماذا نشبه أبوينا؟

المفردات الجديدة

الخريطة الوراثيّة للإنسان	人类基因图谱
جين جـ جينات (المورّثات)	基因
مرتّبة بشكل طوليّ	纵向排序

كروموزومات	染色体
نواة جـ أنوية	核
خليّة جـ خلايا	细胞
توصّل	获得
عمل "مسوّدة"	草图程序
جديلة / ضفيرة	辫子
سلّم حلزونيّ (لولبيّ)	螺旋梯
الحلزون المزدوج	双螺旋
قواعد	碱基
ال (د.ن.أ)	脱氧核糖核酸
وظيفة جـ وظائف	职能

(٣) الطاقة من أمواج البحر

هل تتصوّر أن تكون أمواج البحر أحد مصادر الطاقة في المستقبل؟ إنّ العلماء يبحثون دائما عن مصادر جديدة للطاقة، بحيث تكون "نظيفة" أي لا تسبّب أيّ تلوّث للبيئة. وقد أجريت عدّة محاولات لإنتاج الطاقة من أمواج البحر، منها وضع سلسلة من البراميل الضخمة ذات الأشكال الخاصّة، في مسار الأمواج على مسافة من الشاطئ، وعندما تصطدم الأمواج بهذه البراميل، يؤدّي هذا إلى أن تدور حول محورها وتدير معها مولّدات كهربائيّة أو قد توضع تركيبات عائمة فوق سطح الماء، يبلغ طولها نحو خمسمائة متر، وتزوّد بمجموعة من المحرّكات

الدوّارة التي تعمل بضغط الهواء، وعندما تندفع الأمواج إليها، فإنّها تدخل إلى هذه المحرّكات وتضغط الهواء فيها فتدور وتحدث التيّار الكهربائيّ الذي يستخدم في توليد الطاقة للمصانع والمنشآت والمنازل القريبة.

(نقل من «العربيّ الصغير»)

أجب عن الأسئلة الآتية
قل لنا مصدر الطاقات التي تعرفها.
هل زرت أيّ مدينة على شاطئ البحر؟
هل ركبت سفينة في البحر؟ ماذا تشعر؟

المفردات الجديدة

تلوّث	污染
بيئة	环境
برميل ج براميل	桶
محور	中轴
تركيبات عائمة	漂浮装置
منشأة ج منشآت	企业

附：相关译文

第十一课　自然与科学（一）

(1) 克　隆

日本几位科学家在1998年8月用一头成年公牛的耳干细胞克隆成功一头小牛犊，并把这头小牛命名为"Y-35"，这头小牛是在日本南部一家名为"卡武石玛"（音译）的畜牧公司通过剖腹产降生的。

这是首次从牛耳，而不是从子宫或胎盘干细胞克隆成功一头小牛。这头小牛要存活下来并非易事，因为它要遇到最初的健康问题，但目前这头小牛的情况良好。

〔埃及〕阿比尔·艾哈迈德

（选自《阿拉伯少年》杂志）

回答下列问题

你知道第一只克隆羊的名字吗？它出生在哪国？

中国搞克隆技术吗？

克隆技术对人类有好处吗？

(2) 人类基因图谱

你知道吗，我们身体的生长发育、我们体内化学合成的过程和我们从父母那里得到的所有特性，都是由基因控制的。

这些基因像项链上的珠子一样有秩序地长形排列在构成我们身体的活的细胞核内，盘绕在一个叫"染色体"的细细的线上。

最近，生物学家通过一项研究成果，获得了全部人类基因图谱的草图，其中包括全部基因，其总数达到十万条。基因图谱由一条辫子，或者说是由两条互相盘卷的螺旋梯型的链子组成，因此称其为"双螺旋"。

每一节双螺旋又由一对按一定秩序排列的称作"碱基"的化学物质组成，这对双螺旋称作有遗传功能的脱氧核糖核酸，简称（DNA）。人类的（DNA）由30亿对碱基组成，这些碱基分为23组，每一组就是一对染色体。

生物学家下一步是要准确地了解每一个基因的功能，以便搞清楚人类基因与患各种疾病之间的关系。

（选自《阿拉伯少年》杂志）

回答下列问题

具有遗传功能的 DNA 有什么用处？

中国科学家参加人类遗传图谱的设计了吗？

我们为什么会像父母？

(3) 海浪能源

你能想得到将来海浪也能成为一种能源吗？

科学家们一直在寻找一种既清洁又不污染环境的新能源。利用海浪生产能源进行了多次尝试，其中包括把特制形状的一排大桶放在距海岸一定距离的海浪的冲击线上，当海浪冲击这些大桶时，会使桶围绕轴心转动，并带动发电机一起运转。或者在海面上放置一些长度为 500 米左右的漂浮装置，并安装一组空气压缩发动机，当海浪推动它时，它就会进入发动机，压缩里面的空气，使其转动，产生电流，为附近的工厂、企业和家庭提供能源。

（选自《阿拉伯少年》杂志）

回答下列问题

说说你知道的能源。

你参观过海滨城市吗？

你乘过轮船吗？感觉如何？

الدرس الثاني عشر العلوم والطبيعة (٢)

(٤) المجموعة الشمسيّة

الأرض واحدة من تسعة كواكب وكلّها تدور حول الشمس وتسمى بالمجموعة الشمسيّة فعطارد أقربها إلى الشمس وأصغرها، بعدها الزهرة، والأرض هو الكوكب الوحيد الذي يمكن العيش فيه لاعتدال حرارته وتوافر الماء والهواء وبعده المرّيخ والمشتري وزحل وأورانوس ونبتون وبلوتو.

فوزي عبد الواحد ـ المغرب
(نقل من ((العربيّ الصغير))

أجب عن الأسئلة الآتية
كم كوكبا في المجموعة الشمسيّة؟
أيّ كوكب أقرب إلى الشمس؟
أيّ كوكب أبعد عن الشمس؟
أيّ كوكب أصغر في المجموعة الشمسيّة؟

المفردات الجديدة
عطارد / سيّار

水星

الزهرة / كوكب المساء أو الصبح	金星
المرّيخ / مرّيخ	火星
المشتري / أكبر السيّارات	木星
زحل	土星
أورانوس	天王星
نبتون	海王星
بلوتو	冥王星

(٥) الحياة ... فوق المرّيخ؟

منذ أن أعلنت وكالة الفضاء الأمريكيّة (ناسا) اكتشاف المياه فوق سطح المرّيخ، والعالم كلّه يتابع باهتمام بالغ، هذا الحدث العلميّ المذهل. لأنّ معنى وجود المياه فوق هذا الكوكب الأحمر، ربّما يدلّ على احتمال نشوء حياة بشكل ما، على كوكب المرّيخ!

وعلى الرغم من أنّه لم يكتشف حتّى الآن أيّ نوع من الحياة، حتّى لو كانت في شكل ميكروبات ضئيلة مثل التي اكتشفت أخيرا في القطب الجنوبيّ لكوكب الأرض، إلاّ أنّ العلماء يصمّمون السفن الفضائيّة الاستكشافيّة والمركّبات القادرة على الهبوط فوق كوكب المرّيخ بواسطة مظلاّت خاصّة، السير بسهولة فوق السطح الوعر للكوكب الأحمر، وذلك للتأكّد من وجود المياه وكمّيّته، بدراسة الأخاديد الحديثة التي تكثر في أماكن معيّنة بكوكب المرّيخ. فهل تتصوّر وجود حياة بأيّ شكل فوق الكوكب الأحمر؟

(نقل من ((العربيّ الصغير)))

أجب عن الأسئلة الآتية

هل تظنّ أنّ في المرّيخ يوجد المياه بشكل ما؟
هل تظنّ أنّ البشر يمكن الصعود إلى سطح المرّيخ؟
متى أطلقت الصين سفينتها الفضائيّة بنجاح؟

المفردات الجديدة

وكالة الفضاء الأمريكيّة	美国宇航局
مذهل	惊人的
ميكروبات ضئيلة	弱小的微生物
القطب الجنوبيّ	南极
السفن الفضائيّة والاستكشافيّة	探索飞船
وعر	崎岖不平的
أخدود جـ أخاديد	沟，壕

(٦) اصطدام نيزك ... بكوكب الأرض

تدخل أحيانا إلى الغلاف الجويّ للأرض، أجسام فضائيّة صغيرة نسبيّا مثل الكويكبات والنيازك. وربّما تكون كبيرة الحجم بحيث تحدث دمارا شاملا كما حدث في منطقة "تانجوسكا" بشمال سيبيريا في روسيا.

عندما حدث انفجار مروّع يوم ٣٠ يونيو ١٩٠٨، أدّى إلى تدمير أشجار الغابات وتحويلها إلى فحم في نطاق مساحة يبلغ قطرها حوالي ١٢٨٠ كيلومترا، وقد قدّرت قوّة هذا الانفجار الهائل بأكثر من عشرين قنبلة هيدروجيّة!

وثارت مناقشات طويلة بين علماء الفلك حول ما حدث في "تانجوسكا"، وأخيرا ــ وباستخدام نماذج الكمبيوتر ــ اتّضح أنّ أحد النيازك اصطدم بكوكب الأرض في هذه المنطقة وأدّى إلى دمارها.

واستطاع الكمبيوتر التوصّل إلى تفاصيل ما حدث، فالنيزك كان قطره نحو سبعين مترا عندما وصل الغلاف الجويّ (١) وأثناء احتكاكه بالهواء انقسم إلى أجزاء كبيرة (٢) وبمجرّد انفصال هذه الأجزاء، انفجرت بشدّة في الجوّ (٣) وأدّت الانفجارات الهائلة وما نتج عنها من موجات قويّة إلى تدمير الغابات في منطقة "تانجوسكا"، وتصاعدت سحب كثيفة حجبت أشعّة الشمس لمدّة طويلة.

(نقل من «العربيّ الصغير»)

أجب عن الأسئلة الآتية

هل تظنّ أنّ هناك إمكانيّة اصطدام نيزك للكرة الأرضيّة؟

هل يمكن أن يتجنّب اصطدام النيزك للكرة الأرضيّة بعد تقدّم مستوى العلم؟

هل قرأت أيّ خبر في الجريدة حول اصطدام النيزك للكرة الأرضيّة؟

	المفردات الجديدة
撞击	اصطدم
流星，陨石	نيزك ج نيازك
毁灭，破坏	دمار
通古斯（俄罗斯西伯利亚地名）(Tunguska)	تانجوسكا
可怕的，惊人的	مروّع
煤炭	فحم
直径	قطر
氢弹	قنبلة هيدروجينيّة
爆发	ثار يثور ثورا
计算机	الكمبيوتر
显示	اتّضح
获得	توصّل
大气层	الغلاف الجويّ
摩擦	احتكّ احتكاكا بكذا
一……就	بمجرّد
遮蔽	حجب يحجب حجبا شيئا

附：相关译文

第十二课　科学与自然（二）

(4) 太阳系

地球是围绕太阳运行的九大行星之一，水星是一颗离太阳最近、最小的行星；其次是金星；地球是唯一能够在其上生活的行星，它温度适中，有丰富的水和空气；然后是火星、木星、土星、天王星、海王星、冥王星。

〔摩洛哥〕伏基·阿卜杜·瓦黑德

（选自《阿拉伯少年》杂志）

回答下列问题

太阳系有几颗行星？

哪一颗行星离太阳最近？

哪一颗行星离太阳最远？

太阳系哪一颗行星最小？

(5) 火星上有生命吗？

自美国宇航局宣布火星表面发现水以来，全世界都在关注这一惊人的科学事件。因为火星这一红色星球上水的存在意味着火星上有可能存在着某种形式的生命。

尽管到目前为止还没有发现任何地外生命的存在，即使像地球南极最近发现的最弱小的微生物也没找到过,但是科学家们设计了太空探险飞船,和通过特殊降落伞能够在火星降落,以及便于在这颗红色星球崎岖不平的表面行走的火星车,研究火星上一些特定地点很多新发现的壕沟,都是为了证明火星上水的存在和水量的大小。你能设想这颗红色星球上会有什么形式的生命吗?

(选自《阿拉伯少年》杂志)

回答下列问题

你认为火星上存在什么形态的水和生物?

你认为人类能够登上火星吗?

中国什么时候成功地发射了太空飞船?

(6) 小天体撞击地球

经常会有相当一些小天体,如小行星、流星等闯入地球的大气层。也许体积大的小天体会造成大规模毁灭性破坏,例如俄罗斯西伯利亚北部"通古斯"地区发生的事件。

当1908年6月30日发生可怕的大爆炸时,导致直径1280公里的森林被烧毁,变成了木炭,估计这次大爆炸的威力超过20颗氢弹的当量。

天文学家就"通古斯"地区发生的现象展开了长时间的

讨论，最后，利用计算机模拟显示一颗小行星在该地区撞击地球以及它造成的破坏。

计算机能够得到当时事件发生的一切细节，那个小天体直径为70米，当它到达大气层时，(1)与大气产生摩擦，裂成几个大块；(2)这些大块的裂变在空中产生了强烈的爆炸；(3)巨大的爆炸和产生的强大的冲击波，导致"通古斯"地区森林的毁灭，厚厚的烟云遮天蔽日很长一段时间。

（选自《阿拉伯少年》杂志）

回答下列问题

你认为会有小行星撞击地球的可能性吗？

科学发展后，有没有可能避免小行星撞击地球？

你在报纸上读到过关于小行星撞击地球的消息吗？

الدرس الثالث عشر مدينة القاهرة القديمة

القاهرة عاصمة مصر، وهي مدينة عظيمة، لها تاريخ عريق وتتجمّع فيها الحضارة منذ خمسة آلاف عام ما بين الفرعونيّة والمسيحيّة والإسلاميّة.

القاهرة مهد الحضارة، هناك يلتقي الماضي والحاضر.

وفي القاهرة كثير من الآثار الفرعونيّة الرائعة لا تعلى عليها وهي تلمع الأبصار. أهرام مصر الثلاث المشهورة توجد في منطقة الجيزة بجنوب غربيّ القاهرة وهي تعتبر إحدى عجائب الدنيا السبع.

الهرم الأكبر شيّده الفرعون خوفو من الأسرة الرابعة في الدولة القديمة حوالي في عام ٢٥٥٠ قبل الميلاد. مساحته ١٣ فدانا، وارتفاعه الأصليّ ١٤٦ مترا، وأصبح الآن ١٣٧ مترا، وطول قاعدته ٢٣٠ مترا. واستخدم في بنائه ما يقرب من ٢,٥ مليون من القطع الحجريّة، كانت الأهرام مكسوّة بالحجر الجيريّ الأبيض ولم يبق الآن من الكساء الخارجيّ إلاّ جزء بسيط في أعلى الهرم.

الهرم الثاني هو هرم خفرع ارتفاعه ١٣٦ مترا، طول قاعدته ٢١٥,٥ مترا.

والهرم الثالث هرم منقرع وهو أصغر من الهرمين السابقين بكثير ارتفاعه ٦٢ مترا.

يحرس الأهرام أبو الهول، ذلك التمثال المنحوت من صخر كامل، يبلغ طوله نحو ٦٢ مترا وارتفاعه نحو ٢٠ مترا وهو عبارة عن جسم أسد ضخم ورأس إنسان. يعتقد العلماء أنّ وجه أبي الهول قريب الشبه بوجه الفرعون خفرع. فذلك التمثال يتمثّل في القوّة والعقل وسلطة الفرعون.

شيّد الفراعنة المصريون القدماء الأهرام الضخمة لحفظ أجسادهم فيها، لاعتقادهم في البعث والخلود. وفي الحقيقة كلّ تلك الآثار تنعكس بالذكاء والحكمة والدقّة وتفوّق الفنّ في البناء للكادحين المصريّين القدماء في ذلك العهد البعيد.

وفي مدينة القاهرة كثير من الآثار المسيحيّة الفريدة لا مثيل لها.

في منطقة مصر القديمة كنائس جميلة وقديمة فوق أنفاض حصن "بابليّون" وأشهر منها "الكنيسة المعلّقة" لأنّها بنيت فوق الباب الجنوبيّ لحصن "بابليّون" وكان بناء الكنيسة وفقا للطراز "البازيليكيّ". وهناك كنيسة العذراء وكنيسة أبي سرجة وكنيسة القدّيس مينا وكنيسة أبي سيفين وكنيسة مار جرجس وإلى آخره.

وفي مدينة القاهرة كثير من الآثار الإسلاميّة المشهورة في العالم. اشتهرت القاهرة بأنّها مدينة الألف مئذنة وفي الحقيقة عدد المساجد في القاهرة حاليّا تزيد ثلاثة آلاف مع اتّساع أحيائها وأرجائها. أقدم المسجد في القاهرة مسجد عمرو بن العاص وهو أوّل المسجد

في مدينة الفسطاط بمصر القديمة بناه عمرو بن العاص في العام ٢١ الهجريّ الموافق عام ٦٤٢ الميلاديّ.

كان المسجد بسيطا وظلّ الأمراء يوسّعونه باستمرار حتّى تمّ بناؤه في صورته ومساحته الحاليّة طوله ١٠٢٠ مترا وعرضه ١١٢ مترا.

أشهر الجامع في القاهرة هو جامع الأزهر بناه جوهر القائد الصقلّيّ حوالي في سنة ٩٧٢ الميلاديّ بميدان الحسين وهو أوّل المساجد الفاطميّة بالقاهرة وقد سمّي بهذا الاسم نسبة إلى فاطمة الزهراء ابنة رسول الله (ص). جامع الأزهر يكون مسجدا ومدرسة ويعتبر الأزهر من أشهر الجامع وأقدم الجامعات الإسلاميّة في العالم لأنّ أكثر من ١٠٠ ألف طالب مسلم جاءوا من أنحاء العالم يدرسون ويبحثون دين الإسلام والعلوم الأخرى هناك.

قلعة صلاح الدين الأيّوبيّ هي في أعلى مكان بالقاهرة.

شيّدها صلاح الدين الأيّوبيّ عام ١١٨٣ الميلاديّ وهي تشرف على القاهرة من فوق تلال المقطّم وتضمّ عدّة آثار هامّة، منها مسجد سليمان باشا، ومسجد محمّد عليّ (أي المسجد المرمريّ) بنى في عام ١٨٣٠ الميلاديّ، وبئر يوسف الذي يبلغ عمقه ٩٠ مترا، وقصر الجوهرة.

القاهرة الحديثة لها معالم جديدة أهمّها المتحف المصريّ في ميدان التحرير، والمتحف القبطيّ في مصر القديمة، ومتحف الفنّ الإسلاميّ في

الدرس الثالث عشر ◆ مدينة القاهرة القديمة

ميدان باب الخلق، وإلى جانب ذلك المركز الثقافيّ (أي دار الأوبرا) ومركز القاهرة الدوليّ للمؤتمرات وبرج القاهرة إلى آخره.

إنّ القاهرة قلب مصر وعقل مصر تتطوّر وتتّسع باستمرار وتنمو وتفيض بالحياة والخير والأمل لشعب مصر كلّه. نتمنّى مدينة القاهرة أن تكون قاهرة وزاهية إلى الأبد.

أجب عن الأسئلة الآتية

ما هي آثار فرعونيّة في القاهرة؟

ما هي أهمّ الآثار الإسلاميّة في القاهرة؟

ما هي آثار قبطيّة في القاهرة؟

ما هي ملامح جديدة في القاهرة؟

هل تعرف شيئا عن القاهرة غير ذلك فقل لنا؟

المفردات الجديدة

هرم ج أهرام	金字塔
فرعون	法老
الجيزة	吉萨
عجائب الدنيا	世界奇观
خوفو	胡夫
مكسوّة بالحجر الجيريّ الأبيض	白色石灰石贴面的
كساء خارجيّ	外表，表面
خفرع	哈佛拉

منقرع	孟卡拉
أبو الهول	狮身人面像
صخر	岩石
جسد جـ أجساد	身体
بعث	复活
خلود	永生
انعكس	反映
دقّة	精确
تفوّق الفنّ	技艺高超
كادح جـ كادحون	劳动人民
كنيسة جـ كنائس	教堂
نقض جـ أنقاض	废墟
قلعة "بابليّون"	巴比伦城堡
الكنيسة المعلّقة	空中教堂
الطراز البازيلكيّ	巴洛克式
مدينة الفسطاط	佛斯塔特城（开罗旧城的一个老城区）
جوهر صقلّيّ	焦海尔・艾勒・绥基利（埃及法特梅王朝将领）
قلعة صلاح الدين الأيّوبيّ	萨拉丁城堡
شيّده	建造
تلّ جـ تلال	小山丘
تلال المقطّم	姆噶塔穆山

الدرس الثالث عشر ◆ مدينة القاهرة القديمة

第十三课 古老的开罗城

ملامح	景观
المتحف القبطيّ	科普特博物馆
دار الأوبرا	歌剧院
زاهٍ م زاهية	繁荣的，昌盛的

附：相关译文

第十三课　古老的开罗城

开罗是埃及的首都，是一座有着悠久历史的伟大城市。它汇聚着法老时期、基督教时期和伊斯兰时期以来五千多年的文明。

埃及是文明的摇篮，在那里，古老与现代交相辉映。

在开罗有很多法老时期精美的无与伦比的光彩夺目的古迹。位于开罗西南部吉萨地区的著名的三座大金字塔被认为是世界七大奇迹之一。

最大的金字塔是在大约公元前 2550 年古王国时期第四王朝法老胡夫建造的，面积为 13 费丹，原来的高度为 146 米，现在为 137 米，塔基每边长 230 米。金字塔的建筑使用了近 250 万块石料，原来在金字塔的表面覆盖着一层白色的石灰石，现在只有在金字塔的最高处还残存着少许石面。

第二座金字塔是哈佛拉金字塔，高 136 米，塔基边长 215.5 米。

第三座金字塔是孟卡拉金字塔，它比前两座金字塔要小很多，高度仅有 62 米。

狮身人面像守卫着金字塔，这尊塑像是用一整块巨石雕刻而成，它的长度约为 62 米，高约 20 米。狮身人面像顾名思义，就是说它有巨大的狮子的身体，人的脑袋。专家们认为，狮身人面像的脸非常像法老哈佛拉的容貌。它代表力量、智慧和法老的权力。

古埃及的法老们建造金字塔来保存他们的遗体，是因为他们相信复活和永生。实际上，所有这些古迹都体现了那个久远的时代古埃及劳动人民的聪明才智和高超精美的建筑艺术。

开罗有很多举世无双的基督教古迹。

在开罗老城区有几座建筑在巴比伦城堡废墟上的美丽古老的教堂，其中最著名的是修建在巴比伦城堡南门之上的巴洛克式的“空中教堂”。还有圣女教堂、艾比・赛尔杰教堂、圣米那教堂、艾比・赛伊凡教堂、圣・吉尔吉斯教堂等。

在开罗还有很多世界著名的伊斯兰教古迹。

开罗以千塔之城著称。实际上，随着城区的扩大，开罗目前清真寺的数量已超过三千座。

开罗最古老的清真寺是阿穆鲁・本・艾勒阿绥清真寺。该清真寺是开罗旧城——富斯塔特城的第一座清真寺，由阿穆鲁・本・艾勒阿绥于公元 642 年建造。

清真寺原来十分简陋，经过历代艾米尔的不断扩建形成了现在的规模，长 1020 米，宽 112 米。

开罗最著名的清真寺是爱资哈尔清真寺，公元 972 年由埃及将领焦海尔·绥基利所建。清真寺位于侯赛因广场，是法特梅王朝在开罗建造的第一座清真寺，并以先知穆罕默德女儿法特梅·札哈拉的名字命名。该清真寺集清真寺和学校为一身，被认为是世界上最著名的清真寺和最古老的伊斯兰大学之一，因为有十多万穆斯林从世界各地来到这里研究伊斯兰教和其他知识。

萨拉丁·阿尤比城堡位于开罗的最高处。

该城堡由萨拉丁·阿尤比于公元 1183 年建造，城堡从姆噶塔穆山上俯瞰着开罗城。萨拉丁城堡包括几处重要古迹，其中有苏来曼·帕夏清真寺、建于公元 1830 年的穆罕默德·阿里清真寺（又称大理石清真寺）、深 90 米的尤素福井和珍宝馆。

现代开罗有一些新的景观，其中最重要的有：解放广场的埃及博物馆、开罗旧城的科普特博物馆、巴布·哈勒格广场的伊斯兰艺术博物馆，此外还有文化艺术中心（即歌剧院）、开罗国际会议中心和开罗塔等。

开罗是埃及的心脏，埃及的灵魂，它在不断发展壮大，

الدرس الثالث عشر ◆ مدينة القاهرة القديمة

并为全体埃及人民繁荣富强带来活力、福祉和希望。我们祝愿开罗欣欣向荣、永远强盛。

回答下列问题

开罗法老时期的古迹有哪些？

伊斯兰时期的古迹有哪些？

开罗有哪些科普特古迹？

开罗有哪些新景观？

说说你还知道哪些关于开罗的事情？

الدرس الرابع عشر الأعياد العربيّة

الأستاذ: اليوم فاتح الرمضان، أحكي لكم بعض الأعياد العربيّة.

(١) عيد الفطر المبارك

عيد الفطر هو عيد مهمّ من الأعياد الإسلاميّة. يحتفل المسلمون به بعد صوم بشهر كامل وهو شهر رمضان، له مكانة خاصّة في أعياد المسلمين.

وفي يوم العيد يؤدّي المسلمون جميعهم صلاة العيد في الخلاء أو في الساحات الشعبيّة أو الأماكن المكشوفة أو في المساجد. قبل صلاة العيد يخرجون زكاة الفطر يدفعونها للفقراء حتّي لا يتسأّل أحد من الفقراء في هذا اليوم ويوزّعون الطعام المغليّ بالزيت على القرباء والجيران وبعد صلاة العيد يستمعون لخطبة العيد.

في يوم العيد يلبس الجميع ملابس جميلة ويتوجّهون للتهاني والتمنّيات ويقولون:

كلّ عام وأنتم بخير!

عيد سعيد مبارك!

الدرس الرابع عشر ● الأعياد العربيّة

أجب عن الأسئلة الآتية

في أيّ يوم يحتفل المسلمون بعيد الفطر؟

في أيّ مكان يؤدّي المسلمون صلاة العيد؟

ماذا يقومون قبل صلاة العيد؟

ماذا يقولون في تهاني العيد؟

المفردات الجديدة

عيد الفطر	开斋节
مبارك	吉祥的
صوم	把斋
يؤدّي الصلاة	做礼拜
خلاء	空地，室外
مكشوف	露天的
الزكاة	施舍，天课
الطعام المغليّ بالزيت	炸制的食品，油香
جار ج جيران وجوار	邻居
خطبة ج خطب	讲演，布道
يتوجّهون للتهاني والتمنّيات	互相问好，祝福

المفردات الإضافيّة

أركان الإسلام الخمسة	伊斯兰教五功

念——念证词	الشهادة (أشهد لا إله إلاّ الله، محمّد رسول الله)
（我证：万物非主，唯有真主，穆罕默德是真主的使者）	
礼——礼拜 （每日五次）	الصلاة (كلّ يوم خمس مرّات)
斋——斋月把斋（一个月）	صوم رمضان (شهر كامل)
课——纳天课	إيتاء الزكاة
朝——朝觐天房	حجّ بيت الله الحرام (من استطاع إلى ذلك سبيلا.)
（凡有能力者都要朝觐天房）	
礼拜	الصلوات
——晨礼	ـ صلاة الصبح
——晌礼	ـ صلاة الظهر
——晡礼	ـ صلاة العصر
——昏礼	ـ صلاة المغرب
——宵礼	ـ صلاة العشاء (الليل)
——星期五聚礼	ـ صلاة الجمعة

(٢) عيد الأضحى المبارك

يسمّى المسلمون عيد الفطر "العيد الصغير" أمّا عيد الأضحى فيسمّونه "العيد الكبير" وهو في اليوم العاشر من شهر ذي الحجّة (أي الشهر الثاني عشر) من السنة الهجريّة. يعني أنّ عيد الأضحى يكون بعد عيد الفطر بشهرين وعشرة أيّام.

عيد الأضحى له اسم آخر وهو عيد الحجّ وذلك لأنّ كثيرا من

المسلمين يجتمعون في مكّة المكرّمة لاستكمال مناسب الحجّ في بيت الله الحرام ـ الكعبة ووقوف بجبل عرفات طوال اليوم لذكر الله والتلبية لحمد الله والثناء عليه. مناسب الحجّ هو من أركان الإسلام الخمسة.

وفي يوم العيد يؤدّي المسلمون بصلاة العيد، وبعد الصلاة يذبحون الأضاحيّ ويوزّعون ثلثها على الفقراء، والثلث الآخر على الأقرباء والأصدقاء، أمّا الثلث الأخير فهو لصاحب المنزل. في هذا العيد المبارك يأكل اللحوم فقراء وأغنياء. ويهنّؤون:

عيد سعيد!

كلّ عام وأنتم طيّبون!

أجب عن الأسئلة الآتية

في أيّ يوم يحتفل المسلمون عيد الأضحى؟

ماذا يقومون بعد صلاة العيد؟

لماذا يرحل المسلمون إلى مكّة المكرّمة؟

ما هي أركان الإسلام الخمسة؟

المفردات الجديدة

عيد الأضحى	宰牲节
ذو الحجّة	伊历十二月
السنة الهجريّة	伊历年
حجّ / حجّة	朝觐
مكّة المكرّمة	圣城麦加

استكمله	完成
مناسب الحجّ	朝觐仪式
ذبح يذبح ذبحا الحيوان	宰杀
ضحيّة جـ أضحى / أضحيّة جـ أضاحيّ	祭献之物，牺牲品
قريب جـ أقرباء	亲戚

استمعوا وترجموا ما يلي من النصّ القصير

حكاية عن عيد الأضحى

كان النبيّ إبراهيم معروفا بطاعة الله، فأراد الله أن يمتحنه امتحانا، لا في ماله ولا في جسده، وإنّما في فلذة كبده إسماعيل.

أراد الله في منامه أنّه يذبح إسماعيل. فاصطحب إبراهيم ولده إسماعيل ووصلا إلى وادي منى، فقال إبراهيم (عليه السلام): يا بنيّ إنّي أرى في المنام أنّي أذبحك، يا ترى ماذا نفعل؟

قال له إسماعيل: أنت في طاعة الله وأنا ابنك وطوع أمرك، وسآخذ معي الحبل والسكّين وسأسبقك إلى قاع الوادي، إذبحني بين جباله العالية وسكونه الرهيب.

وفي طريقه إلى قاع الوادي، لحق به الشيطان إبليس ووسوس له مرّتين، حتّى يعصي أمر أبيه. ولكنّ العقيدة الراسخة لا يزعزعها الوسواس.

جاء إبراهيم فقدّم إليه إسماعيل الحبل والسكّين. همّ أبوه أن يربطه،

ولكنّ إسماعيل قال له:

يا والدي، أنا مستسلم لك وراض بقضاء الله، وأحبّ أن تذبحني من غير وثاق، حتّى يكون لي ثواب الرضا بمقدور الله.

يحزّ إبراهيم بالسكّين رقبة ولده، وحينذك أنزل جبريل بكبش، وقال: يا إبراهيم، ربّك يقرئك السلام وينعم عليك وعلى إسماعيل بالفداء والإكرام.

استجاب الله لإيمانهما الصادق.

وبعد ذلك، يحتفل المسلمون بعيد الأضحى ويذبحون الخرفان امتنانا لنعمة الله عليهم.

المفردات الجديدة

طاعة الله	顺从真主
امتحنه	考验
فلذة كبد	心肝，宝贝
منام ج منامات	梦
اصطحبه	陪同
عصى يعصي عصيا الأمر	违抗命令
زعزعه	动摇
وسواس	蛊惑
العقيدة الراسخة	坚定的信仰
حزّه يحزّ حزّا بكذا	砍

كبش جـ كباش	公绵羊
أقرأه السلام	致意，传达问候
خروف جـ خرفان	羊羔
امتنان	感谢，感恩

الدرس الرابع عشر ● الأعياد العربيّة

附：相关译文

第十四课 阿拉伯的节日

老师：今天是伊斯兰教斋月的第一天，我给你们讲讲阿拉伯的节日。

(1) 开斋节

开斋节是伊斯兰教节日中一个重要节日。穆斯林在斋月把斋一个月后庆祝这一节日，它在穆斯林节日中有着特殊的地位。

节日这一天，穆斯林们在室外、广场、露天地、礼拜寺集体做节日礼拜。节日礼拜之前，他们会给穷人分发布施，以便不让任何穷人在节日这一天去乞讨；给亲朋邻里分发油炸食品（中国穆斯林称"油香"）。节日聚礼之后，听节日宣教。

节日这一天，大家都穿上漂亮的衣服，互致问候祝福，说：

新年快乐！

节日吉祥！

回答下列问题

穆斯林在哪天庆祝开斋节？

他们在什么地方做节日礼拜?

节日礼拜前他们做什么?

他们说什么节日祝福话?

(2) 宰牲节

穆斯林把开斋节称为"小节",而把宰牲节称为"大节"。宰牲节在伊历 12 月 10 日,也就是说宰牲节在开斋节过后两个月零十天。

宰牲节还有另一个名称叫"朝觐节",是因为很多穆斯林会聚圣城麦加的克尔白天房完成朝觐仪式,站阿拉法特山一整天,纪念真主,赞颂真主。朝觐仪式是伊斯兰教五功之一。

节日这天,穆斯林要做节日礼拜,然后宰牲。他们把三分之一的肉分给贫民,三分之一的肉送给亲友,最后三分之一留给自己。在这吉祥的节日里,穷人、富人都能吃上肉,并互相问候:

节日好!

新年快乐!

回答下列问题

穆斯林在哪一天庆祝宰牲节?

节日礼拜后他们做什么?

穆斯林为什么要去圣城麦加?

الدرس الرابع عشر • الأعياد العربيّة

什么是穆斯林要完成的五功？

听译下面的短文

宰牲节的传说

先知易卜拉欣以顺从安拉旨意著称，安拉想考验他，这个考验既不是金钱也不是对他身体上的，而是想要他的心肝宝贝儿子易斯玛仪做献祭。

安拉给他托梦降下启示，让他把易斯玛仪作为献祭。他带着儿子易斯玛仪来到穆纳山谷，易卜拉欣说：孩子，我梦见把你当做了献祭品，哎，我们怎么办呢？

易斯玛仪对父亲说：你服从真主，我服从父命。我拿着绳子和刀子先到谷底，你就把我祭献在这寂静肃穆的高山之间吧。

在去谷底的路上，**魔鬼易卜劣斯**追上他，蛊惑他，让他违背父命。但是，坚定的信仰是不会被蛊惑所动摇的。

易卜拉欣来了，易斯玛仪把绳子和刀子递给他。父亲想把他捆起来，易斯玛仪对父亲说：

父亲，我服从你的安排和真主的决断，我希望你把我作献祭的时候不要捆绑，以便真主能给予我满意的回报。

易卜拉欣拿起刀向儿子的脖子砍去，就在这时，大天使吉百利下凡，并带来一只羔羊。他说：易卜拉欣，你的主祝福你，并赐予你和易斯玛仪赎罪的羔羊，赐予你们永享尊贵。

真主回应了他们真诚的信仰。

后来，穆斯林们就以宰羊来庆祝宰牲节，感谢真主对他们的恩典。

الدرس الخامس عشر المساجد القديمة

(١) المسجد الحرام في مكّة

جامع مكّة يسمّى المسجد الحرام، فيه الكعبة ومقام إبراهيم وبئر زمزم.

كانت القبائل التي في مكّة تسكن الشعاب "الوديان" احتراما للكعبة، وتعظيما لشأنها تمنع القتال والنزاع قرب الكعبة لذلك سمّي المسجد الحرام. وفي السنة الثانية من الهجرة صارت الكعبة هي قبلة المسلمين بدل بيت المقدّس، وفي عام ٦٣٠م فتح الرسول محمّد مكّة المحرّمة فحطّم كلّ الأصنام والأوثان من داخله وخارجه وغيره إلى المسجد.

وقد اهتمّ الخلفاء والملوك والأمراء بعمارة المسجد الحرام، وكان أوّل من بدأ توسّعة المسجد هو عمر بن الخطّاب (رضي الله عنه) في سنة ٦٣٨م (١٧هـ) حين لاحظ كثرة المصلّين والطائفين، فهدم البيوت القريبة من الكعبة، وجعل للمسجد سورا. ثمّ تتابعت التوسّعات وتعتبر توسّعة الخليفة العبّاسيّ محمّد المهديّ من أكبر التوسّعات التي أدخلت على المسجد، فقد عادلت جميع التوسّعات التي أدخلت على المسجد منذ عهد عمر بن الخطّاب، وذلك في سنة ٧٧٦م وقد جلبت الأعمدة

من بلاد الشام ومصر.

وفي عام ١٥٧٢م أمر السلطان العثمانيّ سليم الثاني بإعادة بناء المسجد كلّه مع استبدال السقف العلويّ للمسجد بقباب مستديرة ووضع لها أساس متين ودعمت القباب بالأعمدة فكانت في غاية الإحكام والإتقان ومازالت هذه القباب باقية إلى اليوم. وقد أمر الملك عبد العزيز آل سعود بتوسّعة المسجد عام ١٩٤٨م ولكنّه توفّي قبل مباشرة العمل فيها. وفي سنة ١٩٥٥م بدأ العمل بهذه التوسّعة، وزيد في المسجد ثلاث مآذن.

وفي عهد خادم الحرمين الشريفين الملك فهد نفذت مصروفات تضمّنت أقصى ما يمكن أن يعمل للتوسّعة والتجميل والتحسين، حيث بلغت مساحة التوسّعة ٧٦٠٠ متر مربّع، وقد بنيت الواجهات الخارجيّة بمزيج من الرخام والحجر الصناعيّ. وبالإضافة إلى السلالم الثابتة في المسجد سبعة سلالم متحرّكة، وهو مزوّد بالتكييف المركزيّ، كما اشتملت التوسّعة على ثلاث قباب في منتصف ساحة التوسّعة، وأضيفت مئذنتان جديدتان. والآن في المسجد الحرام ٧ مآذن ارتفاع كلّ واحد منها ٩٢ متر.

مساحة المسجد الحرام الحاليّة ١٨٠ ألف متر مربّع ويمكنه أن يتّسع ٥٠٠ ألف مسلم في أداء الصلاة في آن واحد. وفي هذه السنوات الأخيرة بلغ عدد الحجّاج ٥ ملايين أو أكثر من ذلك. إنّ المسجد الحرام هو أوّل المسجد من المساجد القديمة في العالم وهو مركز الحجّ للمسلمين.

الدرس الخامس عشر ● المساجد القديمة

أجب عن الأسئلة الآتية

في أيّ دولة يقع المسجد الحرام؟

ماذا توجد في هذا المسجد القديم؟

كم عدد الحجّاج يتّسع المسجد الحرام في أداء الصلاة في آن واحد؟

كم مساحته الحاليّة؟

المفردات الجديدة

المسجد الحرام	禁寺
شعب جـ شعاب	小路，山路
الكعبة	克尔白
قبلة المصلّي	穆斯林礼拜的正向（克尔白的方向）
صنم جـ أصنام / وثن جـ أوثان	偶像
قبلة المسلمين	穆斯林礼拜者的朝向
بدل	代替
بيت المقدّس	耶路撒冷圣地
مصلٍّ جـ مصلّيون	礼拜者
طائف جـ طائفون	行巡礼者
هدم يهدم هدما كذا	捣毁
أدخلت التوسّعات على المسجد	对清真寺进行扩建
عهد عمر بن الخطّاب	欧麦尔时期（伊斯兰教第二位正统哈里发）

السقف العلويّ	房顶
قبّة ج قباب	圆顶，穹顶
إحكام	加固
الواجهات الخارجيّة	正面，表面
الرخام	大理石
الحجر الصناعيّ	水磨石
سُلَّمٌ ج سَلَالِمُ	楼梯
مزوّد بـ	被增加的
التكييف المركزيّ	中央空调
مئذنة ج مآذن	宣礼塔

(٢) الجامع الأمويّ

الجامع الأمويّ يقع في دمشق بسوريّة لذلك سمّي جامع دمشق. في عهد الوليد بن عبد الملك بدأ بناء الجامع العظيم سنة ٧٠٦م، ولم يتمّ إلاّ في سنة ٧١٥م.

وكان الجدار الطوليّ للساحة يتّجه إلى الجنوب أي نحو مكّة فجعلوه جدار القبلة، ويبلغ طوله ١٩٠ مترا.

ولقد بني الجامع الأمويّ وفق مخطّط مسجد الرسول الأوّل بساحته المكشوفة المسيحيّة، وقد جعل حرم الصلاة مغلقا، وأقيم على أعمدة وأقواس بسبب جوّ دمشق الممطّر في الشتاء، وكانت هندسة الجامع أساسا لبناء الجوامع الكبرى التي بنيت فيما بعد، وتبدو في الجامع ملامح

العمارة البيزنطيّة المتمثّلة في أقواسه تزييناته من الفسيفساء.

وتعتبر مآذن الجامع الأمويّ أوّل محاولة لإقامة المآذن في الشام وهي ثلاث مآذن. والبناء الحاليّ لهذه المآذن يعود إلى العصور الأيّوبيّة والمملوكيّة والعثمانيّة. وأجمل هذه المآذن هي المئذنة الغربيّة التي بنيت في زمن السلطان المملوكيّ قايتباي. كما أنّ مئذنة العروس في وسط الجدار الشماليّ تعدّ من أقدم المآذن في الإسلام، وهي لا تزال على حالها حتّى اليوم.

وقد تعرّض المسجد لكوارث عديدة: كالزلازل والحرائق... والبناء الحاليّ بأعمدته وشكله يرجع إلى عهد السلطان العثمانيّ عبد الحميد الثاني، وجميع الترميمات والتحسينات على الجامع حافظت على مخطّطه المعماريّ الأوّل وهندسته الأمويّة. وللجامع اليوم حرم مغطّيّ مستطيل تتوسّطه قبّة تقوم على سقف مثلّث تسمّي قبّة النسر. وله نوافذ يزيد عددها على المائة، زجاجها ملوّن.

وأمّا باحة الجامع فمحاطة من أركانها الثلاثة "الشرق والغرب والشمال" بأروقة تحملها أقواس تقوم على الأعمدة. وبقايا الفسيفساء القديمة لا تزال موجودة في أجزاء مهمّة من الجامع. وقد صدر قرار جمهوريّ عام ١٩٩١م بالبدء بعمليّة ترميم وإصلاح شاملة، تعيد للجامع تألّقه، مستندة إلى أسس علميّة ونظرة شموليّة.

(نقل من «العربيّ الصغير»)

أجب عن الأسئلة الآتية

أين يقع الجامع الأمويّ؟

متى بدأ بناؤه؟

متى تمّ بناؤه؟

كم مئذنة فيه؟ وما اسمها؟

ومتى أقيم ترميمه وإصلاحه شاملة في الوقت الأخير؟

المفردات الجديدة

عهد الوليد بن عبد الملك	瓦立德时期（伍麦叶朝时期哈里发）
حرم الصلاة	礼拜堂
مغلق	封顶的
عمود جـ أعمدة	柱子
قوس جـ أقواس	拱形
هندسة	设计
ملامح	外观
بيزنطيّ	拜占庭的
قايتباي	盖特巴伊（马木鲁克时期素丹）
مئذنة العروس	新娘塔
زلزال جـ زلازل	地震
حريق جـ حرائق	火灾
حرم مغطّى مستطيل	长方形封顶礼拜堂

باحة الجامع	寺院
محاط	围起来的
رواق جـ أروقة	柱廊
فسيفساء	马赛克，镶嵌细工
تألّق البرق	闪闪发光，辉耀

استمعوا وترجموا ما يلي من النصّ القصير

المراكز الإسلاميّة فى العواصم الأوروبيّة

لقد كثرت في العصر الحديث المراكز الإسلاميّة في العواصم الأوروبيّة وذلك لكثرة عدد المسلمين هناك.

ففي مدينة لندن مركز إسلاميّ به مسجد بني على أحدث طراز عربيّ وملحق به مكتبة كبيرة ويقوم هذا المركز بتعليم اللغة العربيّة لأبناء المسلمين المقيمين في هذه المدينة.

وفي مدينة جنيف مركز إسلاميّ يفد إليه المسلمون لتأدية الصلاة ولقراءة القرآن ولفهم دينهم ولمساعدتهم بعضهم بعضا.

وفي باريس أقيم مسجد كبير يقصده كثير من المسلمين هناك وفي غير هذه المدن في أوروبا مراكز إسلاميّة يستطيع الناس مشاهدتها من مسافات بعيدة لارتفاع مآذنها التي ينطلق منها صوت المؤذن دعا الناس إلى صلواتهم.

وهذه المراكز يتجمّع فيها المسلمون في الأعياد والمناسبات حيث تقام المحاضرات والندوات ويتمّ تعارف بين المسلمين المقيمين هناك

والوافدين والزائرين.

(مختار من ((العربيّة للحياة)) لمعهد اللغة العربيّة بجامعة ملك السعود)

附：相关译文

第十五课　古老的清真寺

(1) 麦加禁寺

麦加清真寺亦称禁寺，院内有克尔白天房、易卜拉欣立足地和渗渗泉。

原来居住在麦加附近山谷小路上的各个部族出于对克尔白圣地的崇敬和对其宗教事务的重视，禁止在克尔白附近争斗、杀戮，因此称麦加清真寺为禁寺。先知迁徙的第二年，克尔白禁寺取代耶路撒冷圣地成为穆斯林礼拜的正向，公元630年，使者穆罕默德攻克麦加城，打碎寺内外一切偶像。

各朝各代的哈里发、国王、艾米尔都十分重视对禁寺的修缮，第一位扩建禁寺的是欧麦尔·本·艾勒——赫塔布，时间是公元638年（伊历17年），当时他注意到礼拜的人和行巡礼的人很多，就把克尔白附近的房屋拆掉，在禁寺周围建了一道围墙。此后不断进行扩建，公元776年阿巴斯朝哈里发穆罕默德·艾勒——迈赫迪进行的扩建被认为是最大的一次，相当于自欧麦尔·本·艾勒——赫塔布时期以来所有修缮工程的总和，修缮用的柱子都是从叙利亚和埃及运来的。

公元1572年，奥斯曼时期的苏丹萨利姆二世命令重修禁寺，将清真寺的顶换成穹顶，并加固地基，穹顶以柱子支撑，十分坚固精美，穹顶一直延用至今。阿卜杜勒·阿齐兹·阿勒·苏欧德国王1948年命令扩建圣寺，但工程还未开始，国王就离世了。1955年扩建工程开始，圣寺又增建了三座宣礼塔。

到了两圣寺仆人法赫德国王时期，又投入资金对圣寺进行最大限度的扩建和装修，扩建面积达7600平方米，并以大理石和水磨石贴面。除寺内原有的固定扶梯外，又增设了七部滚梯和中央空调，院内新建了三座穹顶，增加两座新的宣礼塔。现在禁寺共有七座92米高的宣礼塔。

现在禁寺的总面积共18万平方米，可同时容纳50万穆斯林做礼拜。近年来，朝觐者的数字达到500多万。禁寺是世界上最古老的清真寺，是穆斯林的朝觐中心。

回答下列问题

禁寺在哪个国家？

在这座古老的清真寺里都有什么？

圣寺可以同时容纳多少朝觐者做礼拜？

清真寺现在的面积是多少？

(2) 伍麦叶清真寺

伍麦叶清真寺位于叙利亚大马士革，因此又称大马士革清真寺。

伍麦叶王朝哈里发艾勒——瓦利德·本·阿卜杜勒·马力克时期，公元706年开始兴建该清真大寺，于公元715年竣工。

长方形的寺院，南墙作为礼拜的正向，即麦加的方向，南墙长190米。

伍麦叶清真寺是在基督教圣约翰教堂露天广场的基础上设计建造的。由于大马士革冬季多雨，礼拜堂是封闭式的建筑，寺内还建有柱廊和凯旋门式的门厅。清真寺为典型的拜占庭式建筑风格，在凯旋门式的门厅上装饰着用马赛克组成的图案，该清真寺的设计成为后来很多大清真寺的建筑模式。

伍麦叶清真寺的宣礼塔被认为是叙利亚宣礼塔建筑的第一次尝试，它有三座宣礼塔。现存的这些宣礼塔的建筑要追溯到阿尤布、马木鲁克和奥斯曼时期。寺中最漂亮的宣礼塔是建于马木鲁克素丹盖特巴伊时期的西侧的宣礼塔。北院墙正中耸立至今的"新娘塔"被认为是伊斯兰时期最古老的宣礼塔之一。

伍麦叶清真寺曾遭受过几次灾害，如地震、火灾等，现在的柱廊和建筑形式可以追溯到奥斯曼素丹阿卜杜勒·哈米德二世时期，清真寺的全部修缮和装饰都保留了当初的设计特色和伍麦叶时期的建筑风格。今天的清真寺内有一长方形封闭式的礼拜堂，正中是一个由三角形屋顶支撑的穹顶，称之为"雄鹰穹顶"。清真寺有一百多面彩色玻璃窗。

寺院东、西、北三面由柱廊环抱，柱廊是架设在柱子之上的连拱式建筑。清真寺内一些重要部位依然能看到残存的古代马赛克贴面。公元1991年，国家决定开始对清真寺进行科学地全面地维修，恢复伍麦叶清真寺的辉煌。

（选自《阿拉伯少年》杂志）

回答下列问题

伍麦叶清真寺在什么地方？

这座清真寺是什么时候开始兴建的？

这座清真寺是什么时候竣工的？

这座清真寺有几座宣礼塔？叫什么名字？

这座清真寺最近一次全面修缮是在什么时候？

听译下面的短文

欧洲各国首都的伊斯兰中心

在欧洲各国的首都，现在有很多伊斯兰中心，这是因为在那里生活着大量穆斯林。

伦敦有一个伊斯兰中心，其中有一座最新式的阿拉伯清真寺，并附有一个大图书馆，这个中心为居住在伦敦的穆斯林讲授阿拉伯语。

日内瓦有一个伊斯兰中心，穆斯林到那里做礼拜、念《古兰经》，了解他们的宗教，互相帮助。

巴黎有一座大清真寺，也有很多穆斯林到那里去。欧洲的其他城市也有一些伊斯兰中心，人们远远地就可以看到清真寺高高的宣礼塔正播送着宣礼员的声音，招呼人们去做礼拜。

节假日或有讲座或有研讨会，穆斯林就在这些伊斯兰中心里聚会，居住在那里的穆斯林和留学生、旅游者互相了解。

（选自沙特阿拉伯王国艾勒苏欧德国王大学阿拉伯语学院《生活口语》教材）